"十三五"国家重点出版物出版规划项目

绿色建筑消防安全技术

城市交通隧道火灾蔓延控制

张泽江　刘　微　李平立　颜明强　蒋亚强
何勤理　张文华　冯小军　杨　猛　李　伟　著

西南交通大学出版社
·成都·

图书在版编目（CIP）数据

城市交通隧道火灾蔓延控制/张泽江等编. —成都：
西南交通大学出版社，2020.11
（绿色建筑消防安全技术）
"十三五"国家重点出版物出版规划项目
ISBN 978-7-5643-7725-0

Ⅰ. ①城… Ⅱ. ①张… Ⅲ. ①公路隧道–火灾–灾害防治 Ⅳ. ①U459.2

中国版本图书馆 CIP 数据核字（2020）第 195214 号

"十三五"国家重点出版物出版规划项目
绿色建筑消防安全技术

Chengshi Jiaotong Suidao Huozai Manyan Kongzhi
城市交通隧道火灾蔓延控制

张泽江　刘　微　李平立　颜明强　蒋亚强
何勤理　张文华　冯小军　杨　猛　李　伟　　著

出　版　人	王建琼
责　任　编　辑	李　伟
封　面　设　计	墨创文化
出　版　发　行	西南交通大学出版社 （四川省成都市金牛区二环路北一段 111 号 西南交通大学创新大厦 21 楼）
发行部电话	028-87600564　028-87600533
邮　政　编　码	610031
网　　　　址	http：//www.xnjdcbs.com
印　　　　刷	四川煤田地质制图印刷厂
成　品　尺　寸	170 mm × 230 mm
印　　　　张	7
字　　　　数	125 千
版　　　　次	2020 年 11 月第 1 版
印　　　　次	2020 年 11 月第 1 次
书　　　　号	ISBN 978-7-5643-7725-0
定　　　　价	58.00 元

图书如有印装质量问题　本社负责退换
版权所有　盗版必究　举报电话：028-87600562

前 言

城市交通隧道在城市交通运输中承担着重要的枢纽作用。因受空间、视线、光线、驾驶员异常心理和行为等因素影响，隧道内极易发生各种交通事故，引起火灾；且城市交通隧道普遍位于城市交通密集区域，车流量大，人员密集，车辆发生故障起火或车载货物自燃概率也较非交通密集区域更高。城市交通隧道一旦发生火灾，极易造成群死群伤、巨额财产损失、隧道结构破坏及交通长期中断等严重后果，导致极为严重的社会影响。

细水雾灭火技术具有无污染、灭火迅速、耗水量低、介质价格低廉、对防护对象破坏性小等特点，适用于人员、车辆密集的城市交通隧道安全保护，将逐渐成为未来城市交通隧道灭火保护系统的主要选择之一。

本书以细水雾灭火系统在城市交通隧道中的应用为切入点，深入探讨细水雾灭火系统对隧道火灾发展和蔓延的抑制作用及其影响，围绕细水雾灭火系统对城市交通隧道火灾抑火、控火、灭火作用的高效化、节能化、人性化需求，完善细水雾灭火系统对城市交通隧道实施灭火、控火保护的措施与细节。

本书结合隧道实体火灾燃烧特点及细水雾灭火系统隧道实体火灾试验，就由此开发研制的城市交通隧道专用细水雾添加剂、高压细水雾灭火系统、高压细水雾消火栓等一系列产品的灭火、控火效果进行验证与剖析，并明确压缩空气泡沫炮系统控制城市交通隧道火灾蔓延的效果，旨在为城市交通隧道构建一套较为系统全面的火灾蔓延高效抑制保护体系。

本书由"国家重点研发计划项目"（项目编号：2016YFC080060404）资助，由应急管理部四川消防研究所阻火、防火科室及企业的相关研究人员组织编写。

由于作者学识有限，书中难免存在不足之处，恳请读者批评指正。

作 者

2020 年 4 月

目　录

第1章　绪　论 ……………………………………………………………… 1
　1.1　城市交通隧道现状 ……………………………………………………… 1
　1.2　国内外标准、规范对城市交通隧道固定灭火系统的
　　　　设置要求 …………………………………………………………………… 4
　1.3　公路隧道细水雾灭火系统的国内外研究现状及应用情况 …… 6

第2章　细水雾灭火添加剂的研究 ………………………………………… 13
　2.1　概　述 ……………………………………………………………………… 13
　2.2　试验原料与表征方法 …………………………………………………… 15
　2.3　无机物类细水雾添加剂 ………………………………………………… 16
　2.4　有机表面活性剂类细水雾灭火添加剂制备与性能研究 ……… 25
　2.5　本章小结 …………………………………………………………………… 28

第3章　城市交通隧道专用高压细水雾灭火系统的研制 ……………… 29
　3.1　概　述 ……………………………………………………………………… 29
　3.2　系统的设计研发 …………………………………………………………… 29
　3.3　系统性能测试 ……………………………………………………………… 37
　3.4　本章小结 …………………………………………………………………… 43

第4章　城市交通隧道高压细水雾消火栓系统的研制 ………………… 44
　4.1　概　述 ……………………………………………………………………… 44
　4.2　高压细水雾消火栓系统 ………………………………………………… 45
　4.3　高压细水雾消火栓系统性能测试 ……………………………………… 48
　4.4　本章小结 …………………………………………………………………… 60

第 5 章　城市交通隧道细水雾灭火系统实体火灾试验研究 …………… 61
　　5.1　概　述 ……………………………………………………………… 61
　　5.2　试验设计 …………………………………………………………… 62
　　5.3　试验结果 …………………………………………………………… 68
　　5.4　20 MW 模拟分析 …………………………………………………… 85
　　5.5　本章小结 …………………………………………………………… 91

第 6 章　城市交通隧道压缩空气泡沫炮系统实体火灾试验 …………… 92
　　6.1　概　述 ……………………………………………………………… 92
　　6.2　试验部分 …………………………………………………………… 93
　　6.3　试验数据分析与处理 ……………………………………………… 99
　　6.4　本章小结 …………………………………………………………… 103

参考文献 ……………………………………………………………………… 104

第1章 绪 论

1.1 城市交通隧道现状

城市交通隧道是修建于城市区域内供行人和机动车辆通行的公路隧道，在城市交通运输中承担着重要的枢纽作用。据交通运输部的交通运输行业发展统计公报显示，我国公路隧道数量逐年递增（见图1-1），至2018年年底，全国公路隧道17 738处、1 723.61万米，比上年增加1 509处、195.10万米，其中特长隧道1 058处、470.66万米，长隧道4 315处、742.18万米。统计数据虽未明确区分山岭公路隧道、城市道路隧道，但随着城市化建设进程的快速推进，城市交通隧道作为满足城市区域交通需求的重要手段，其发展建设也是必不可少，不容忽视的。

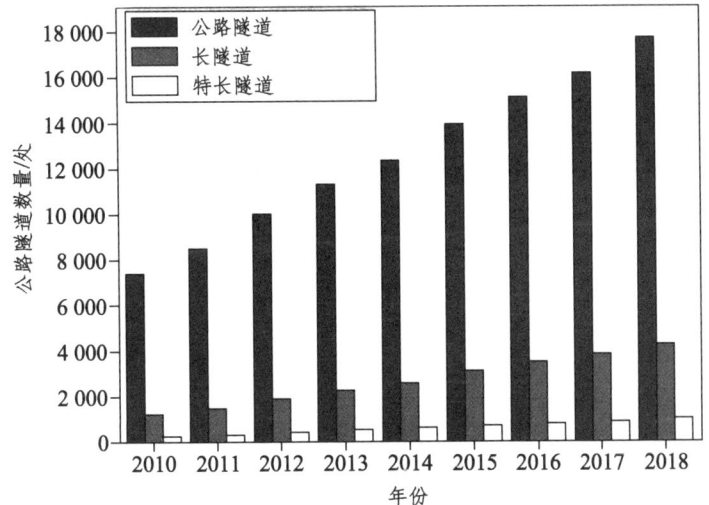

图1-1 2010—2018年我国公路隧道发展情况

国内现已建成大量城市交通隧道，如上海外环路隧道、上海翔殷路隧道、上海延安东路隧道、上海人民路隧道、上海复兴东路隧道、上海西藏南路隧道、上海打浦路隧道、上海上中路隧道、上海长江路隧道、杭州紫之隧道、杭州庆春路过江隧道、杭州富春江城市隧道、杭州钱江隧道、厦门翔安海底隧道、青岛胶州湾海底隧道、武汉长江隧道、南京长江隧道、南京玄武湖隧道、北京金融街地下车行系统、北京奥林匹克公园地下交通联系通道、北京 CBD（中央商务区）核心地下输配环工程、天津现代服务产业区地下交通工程、重庆解放碑金融街地下环道、成都大源地下环形车道、广州珠江新城地下环道等。

城市交通隧道承担着重要的枢纽作用，属于特殊路段和"瓶颈"路段，隧道内因行车受空间、视线、光线、驾驶员异常心理和行为等因素影响，极易发生各种交通事故，引起火灾；同时城市交通隧道普遍位于城市交通密集区域，车流量大，人员密集，容易因车辆碰撞等交通事故而引发火灾，车辆故障起火或车载货物自燃的概率也较非交通密集区域更高。城市交通隧道一旦发生火灾，极易造成群死群伤、巨额财产损失、隧道结构破坏及交通长期中断等严重后果，直接危及社会和人民生命财产安全。目前，诱发公路隧道火灾的原因主要有发动机自燃、轮胎起火、线路故障、货物自燃及碰撞起火等。

随着城市交通隧道的大规模修建和使用，其发生火灾的风险概率也不断增加。近年来，国内外发生了多起重大公路隧道火灾事故，造成的人员伤亡惨重，经济损失巨大，产生了极为严重的社会影响。国内近年来部分城市交通隧道火灾见表 1-1。

表 1-1 国内近年来部分城市交通隧道火灾

时间	隧道名称	火灾情况	火灾原因
2010 年 7 月 4 日	无锡惠山隧道	在该隧道内，无锡市某钢铁公司夜班接送客车起火，造成 24 人死亡，19 人受伤	客车自燃
2012 年 10 月 26 日	武汉长江隧道东线隧道	一辆轿车自燃，隧道工作人员处置及时，12 min 后将火扑灭，无人员伤亡	自燃
2013 年 5 月 15 日	南宁青林隧道	轿车自燃	自燃

续表

时间	隧道名称	火灾情况	火灾原因
2014年6月5日	大连甘井子区椒金山隧道	一辆越野车自燃，大量浓烟灌满隧道，数十辆车被困隧道	自燃
2015年2月1日	厦门环岛干道金山寨隧道	轿车失控冲向隧道壁，碰撞后起火，事故造成1人死亡	碰撞起火
2015年12月18日	武汉二环线水果湖隧道	一辆轿车自燃起火，将轿车烧成空壳，还引燃了隧道两侧的隔音屏和隧道顶棚。事故导致隧道双向交通临时封闭，交通出现拥堵，无人员伤亡	自燃
2017年5月9日	威海市环翠区陶家夼隧道	校车起火燃烧，车上11名儿童遇难，司机当场死亡，随车女教师经抢救无效离世	司机纵火
2018年3月17日	大连甘井子区椒金山隧道	车辆追尾，导致前车起火	追尾碰撞起火
2018年5月27日	长沙营盘路隧道	三车追尾引发火灾，火灾造成隧道入口处约6 m长防护板被烧黑，部分电灯、电线等被烧毁，甚至沥青路面也有烧痕	追尾碰撞起火
2018年6月6日	无锡惠山隧道	隧道内由南向北方向一辆小轿车起火	自燃
2018年8月2日	杭州紫金港路隧道	隧道东侧的风机电源控制柜起火	—
2018年11月9日	重庆沙坪坝双碑隧道	一辆行驶中的越野车突然起火，造成该路段交通拥堵	自燃

因此，应根据城市交通隧道特点合理设置消防设施。目前，国内外均已开展城市交通隧道火灾特性及防火、灭火试验研究，并制定了相关的技术要求和标准。与国外发达国家相比，我国隧道建设起步较晚，公路隧道消防相关标准、规范还不完善，尤其是针对城市交通隧道的灭火系统设置与要求并不明确。

1.2 国内外标准、规范对城市交通隧道固定灭火系统的设置要求

国内现有标准对公路隧道的结构耐火、火灾探测报警、消防给水等做出了具体规定,如《建筑设计防火规范》(GB 50016—2014)规定隧道内消火栓用水量不应小于 20 L/s,出水口压力不大于 0.5 MPa,但对公路隧道固定灭火系统的设置与要求并不明确。国家标准《公路隧道消防技术规范》尚未正式颁布,行业标准《公路隧道设计规范 第二册 交通工程与附属设施》也仅要求 A+、A 级公路隧道必须设置固定式水成膜泡沫灭火装置。《建筑设计防火规范》对城市交通隧道内设置自动喷水灭火系统也无明确要求。国内最早的消防技术规范是云南省地方标准《公路隧道消防设计施工管理技术规程》,但也只规定 Ⅰ 级隧道应设置水成膜泡沫灭火装置,并未提及固定自动灭火系统在隧道中的应用。而上海、湖南、北京的地方标准则对部分公路隧道设置固定灭火系统作了要求。国内外相关标准、规范对公路隧道设置固定灭火系统的要求如表 1-2 所示。

表 1-2 国内外相关标准、规范对公路隧道设置固定灭火系统的要求

国家	标准名称	是否设置	设置类型和要求
日本	《设计原则 第三卷(隧道) 第四部分:隧道安全设备》	是	AA 类隧道(≥10 km),长度在 3 km 以上、交通量大于 4 000 辆/d 的 A 类双向隧道需要设置水喷雾灭火系统
澳大利亚	《公路隧道消防安全导则》	是	优选开式水喷淋系统;灭火系统要有 30~60 s 延迟;如果设置泡沫灭火系统,要基于火灾预期来确定泡沫液和水的持续时间
奥地利	《公路设计导则和规程》	是	水喷淋系统,采用人工启动
美国	NFPA 502(2017 版)	推荐	对隧道内设置水基固定式灭火系统的安装进行了推荐,并未强制要求采用某一种固定灭火系统

1.2 国内外标准、规范对城市交通隧道固定灭火系统的设置要求

续表

国家	标准名称	是否设置	设置类型和要求
中国	《公路隧道设计规范 第二册 交通工程与附属设施》	是	A+、A级公路隧道必须设置固定式水成膜泡沫灭火系统
中国	《建筑设计防火规范》	未要求	
中国	《公路隧道消防设计施工管理技术规程》（云南）	否	Ⅰ级隧道应设置水成膜泡沫灭火装置，泡沫混合液供给强度不应小于 5.0 L/(min·m²)，连续供水时间不应小于 30 min，设置间距不应大于 50 m
中国	《道路隧道设计规范》（上海）	是	一级隧道需设置泡沫-水喷雾联用系统；二级隧道需设置水喷雾系统或泡沫-水喷雾联用系统；三级和四级隧道应设泡沫消火栓
中国	《公路隧道消防技术规范》（湖南）	是	Ⅰ级隧道行车主隧道应设泡沫喷淋系统或细水雾灭火系统；Ⅱ级隧道行车主隧道宜设泡沫喷淋系统或细水雾灭火系统；泡沫-水喷雾联用系统喷雾强度不应小于 6.5 L/(min·m²)，最不利点喷头工作压力不应小于 0.35 MPa，泡沫混合液持续时间不应小于 20 min，喷雾持续时间不应小于 60 min；细水雾灭火系统最小喷雾强度不应小于 3 L/(min·m²)，喷雾时间不应小于 60 min，从系统启动到最不利喷头出水的时间不应大于 60 s
中国	《城市地下联系隧道防火设计规范》（北京）	是	一类、二类隧道及三类隧道中的Ⅰ类隧道宜设置水喷雾灭火系统或泡沫-水喷雾联用灭火系统

1.3 公路隧道细水雾灭火系统的国内外研究现状及应用情况

目前,国内外应用于公路隧道的自动灭火系统主要有水喷淋灭火系统、水喷雾灭火系统、泡沫-水喷雾灭火系统、压缩空气泡沫灭火系统、细水雾灭火系统等。这些灭火系统各有其优缺点,如水喷淋灭火系统较为简单、安装维护成本较低,但用水量大,灭火和降温冷却效果一般。压缩空气泡沫灭火系统和泡沫-水喷雾灭火系统的灭火和降温冷却效果都较好,但系统都较复杂,安装维护成本高,并且两套系统都存在以下问题:① 泡沫液腐蚀性能强,隧道消防管道和排水设施易被腐蚀;② 喷射后产生的大量泡沫堆积在废水泵房,影响排水系统正常使用。而细水雾灭火系统较压缩空气泡沫灭火系统和泡沫-水喷雾灭火系统简单,安装维护成本相对较低,用水量小,降温冷却、抑火、控火效果好,且作为灭火介质的水腐蚀性比泡沫液低,因此,细水雾灭火系统在公路隧道中的应用受到广泛的关注和研究,国外相关消防研究机构和企业开展了大量关于公路隧道细水雾技术的全尺寸火灾试验研究。

1999年,在法国—意大利勃朗峰隧道和奥地利Tauern隧道相继发生重大火灾后,欧洲部分消防研究机构和企业针对是否在公路隧道内应用固定灭火系统开展了一系列全尺寸试验研究[1-3],其中就有不少试验涉及了细水雾灭火系统,具体如表1-3所示。

UPTUN项目组在挪威IF隧道开展了19组低压细水雾灭火试验和56组高压细水雾灭火试验,火源为柴油油池火、木托盘火或交通工具引起的火灾。在大多数试验中,细水雾灭火系统仅控制了火势,并没有熄灭火灾。总体而言,细水雾灭火系统对油池火抑制效果要优于对木托盘火抑制效果。对于木托盘火,低压细水雾灭火系统可减少40%的热释放速率,而高压细水雾灭火系统可减少50%~80%的热释放速率。研究结果显示,细水雾灭火系统对熄灭小规模火灾(如小于5 MW)有效性低,但能够抑制住大规模火灾,使其燃烧速率大幅降低。2005年,该项目组又于意大利Virgil/Virgolo隧道开展了3组全尺寸火灾试验,其中一组试验目的即为测试细水雾灭火系统对隧道火灾的抑制效果。试验中测量了隧道混凝土结构的温度和CO气体含量,结果表明,细水雾灭火系统对火灾本身的抑制效果并不明显。隧道内的CO含量增大,但试验中隧道混凝土结构的温度未达到100 ℃,证明细水雾灭火系统对隧道有瞬态降温效果,可用作隧道结构保护系统。

1.3 公路隧道细水雾灭火系统的国内外研究现状及应用情况

表1-3 全尺寸公路隧道细水雾灭火系统试验总结

试验隧道	研究项目或机构	年份	数目	系统类型	隧道尺寸($L\times W\times H$)/m	分区长度/m	工作压力/MPa	喷水强度/(mm/min)	启动时间/min	风速/(m/s)	火源	热释放速度(HRR)/MW
IF 挪威	UPTUN项目	2002—2004	19 56	低压 高压	马蹄形 100×8×6	24 36	0.5~0.9 6~12	1.1~3.3 0.5~2.3	多数为2或3	3	柴油油池、木托盘、车辆	2~25
IF 挪威	Marioff公司	2004	24	高压	马蹄形 100×8×6	24	—	1.4~3.7	2或3	3	柴油油池和木托盘	5~25
Virgil/Virgolo 意大利	UPTUN项目	2005	1	高压	860×10×6.5	30	8~12	—	3	2~3	柴油油池	20
VSH Hagerbach 瑞士	Marioff公司	2005	10	HI-FOG	200×9.3×2.55	33×2	约8	—	10	3	小汽车	5~30
San Pedro de Annes 西班牙	Marioff公司	2006	40	HI-FOG	600×9.5×5.2	24×3	10或8(喷头处)	3.7~4.3	较复杂,多数为5~7	2~3.5	木托盘、高密度聚乙烯	75/90
Runehamar 挪威	SINTEF,Efectis	2007	5	细水雾	1600×9×6	25×3	—	—	1.5~7	3~4	柴油油池、木托盘	200
San Pedro de Annes 西班牙	SOLIT项目	2008	50	细水雾	600×9.5×5.2	—	—	—	—	—	柴油油池	200
Runehamar 挪威	VID Fire-Kill,SINTEF	2009	—	低压	1600×9×6	20×3	1	—	—	2~3	柴油油池、木托盘	100
San Pedro de Annes 西班牙	SOLIT2项目	2011—2012	30	细水雾	600×9.5×5.2	60	—	—	3	2~3	木托盘、柴油油池	5~160

Marioff公司也在挪威IF隧道开展了24组高压细水雾灭火试验，火源为油池火或木托盘火，隧道断面为马蹄形。隧道内安装了三行喷头，一行位于隧道中心线上，一行位于顶棚右下侧，还有一行位于一侧的墙上。大多数试验中，喷头间距为3 m；最后5组试验中，喷头间距为4 m。每次试验均在最前面的两个池子前垂直设置一堵1.1 m高的墙，用来模拟隧道堵塞效应。此外，在一些试验中，在油池火上方较短距离内设置一钢板，覆盖油池75%的区域。在大多数试验中，细水雾系统控制了火势，但并未能扑灭火焰，然而气体温度大幅度降低了。

2005年，Marioff公司在瑞士VSH Hagerbach隧道开展了10组高压细水雾灭火试验，火源为小轿车引起的火灾。该隧道顶棚高度较小，宽约9 m，高约2.5 m。模拟的是法国巴黎A86客车隧道内两辆或更多辆客车相撞时造成的火灾场景。细水雾灭火系统包括两个33 m长的分区，顶棚各安装有三行喷头。通过观察火灾规模，然后手动启动细水雾灭火系统。所有的喷头均为90°雾化锥喷嘴，工作压力约为8 MPa，两行喷嘴之间的间距为2.8 m。试验中，初始纵向风速为6 m/s，然后在点火后4 min内将其降至3 m/s。试验表明，灭火系统启动后阻止了火焰向邻近交通工具的蔓延。

2006年，Marioff公司在西班牙San Pedro de Annes试验隧道开展了11组高压细水雾灭火试验，旨在评估该公司的HI-FOG细水雾灭火系统对高火灾载荷物品（如重载货车）火灾的灭火效能，燃料多数采用木托盘，将其堆放在一个平台上以模拟重载货车。其中2个试验采用的木托盘中夹杂着高密度聚乙烯托盘（质量比为16%）。每个试验中细水雾灭火系统都抑制了火灾发展，使其热释放速率峰值有了一定程度的下降。

2007年12月和2009年1月，荷兰公共工程部内负责隧道安全的公共工程及水管理总司（Rijkswaterstaat）委托挪威科技工业研究院（SINTEF）和Efectis公司在Runehamar隧道开展了5组大尺寸火灾试验，包括3个油池火试验和2个木托盘火试验。试验的主要目的是确定细水雾灭火系统对充分发展火灾的抑制和灭火效果，研究火源下游油罐车发生可燃蒸气云爆炸（BLEVE）风险。试验中细水雾灭火系统对火源区域和火源下游区域的降温效果较明显，并且3个油池火试验中火焰可被细水雾灭火系统迅速抑制和扑灭，但在2个木托盘火试验中，火焰并未被迅速抑制和扑灭，且生成了大量的CO。试验证明了在系统尽早开启的情况下，细水雾灭火系统具备保护油罐车,使其免于可燃蒸气云爆炸风险的能力。

SOLIT 和 SOLIT2 项目先后于 2008 年和 2011—2012 年在西班牙 San Pedro de Annes 试验隧道开展了 50 组和 30 组细水雾灭火试验,火源为柴油油池火和木托盘火,部分试验还考虑了火源被部分遮盖的情况。试验中细水雾灭火系统大多有效地控制或抑制了火灾,但部分试验中火灾并没有被控制,仅有气体温度因细水雾灭火系统的气相冷却作用而降低。

上述试验中,火灾往往没有被扑灭,但火势大多控制在一定范围内,并未向其他可燃物蔓延,且气体温度也大多下降明显。

国内随着隧道建设的蓬勃发展,特别是长隧道、特长隧道、超宽隧道工程日益增多,也逐渐开始了隧道实体试验研究,如 2003 年秦岭特长公路隧道火灾试验(模型尺寸)、2006 年昆明—石林高速公路阳宗隧道火灾试验、2007 年南京市龙蟠中路隧道火灾试验,这些试验的目的主要是研究隧道火灾特性、隧道火灾烟气运动特性等,并未涉及固定灭火系统在公路隧道中应用的研究。为验证上海长江隧道防灾系统设计可靠性而开展的全比例火灾试验,则涉及了泡沫-水喷雾自动灭火系统灭火试验,其火源为木垛、油盘、小汽车或面包车引起的火灾,火源热释放速率为 10 MW 或 20 MW,结果表明泡沫-水喷雾联用自动灭火系统能有效扑灭与遏制隧道内可能发生的各类火灾,且越早启动越好,温升低,灭火快。同时该自动灭火系统对流淌的油类火灾作用非常明显,对立体油类火灾有控火、降温的功效,对油类火灾灭火系统启动的最佳时间应为着火后 2 min[4];对 A 类火灾的灭火效果较差,但能有效控火并使火场温度迅速降低。国家科技支撑计划项目"港珠澳大桥跨海集群工程建设关键技术研究与示范"的子课题"离岸特长沉管隧道防灾减灾关键技术"以港珠澳大桥海底沉管隧道为研究对象,通过开展足尺沉管隧道火灾试验,对泡沫-水喷雾联用灭火系统的灭火、控火效果进行了系统性研究[5]。云南交投集团投资有限公司在云南邱家垭口隧道和芹菜塘 1 号隧道安装了丹麦 VID 公司生产的低压细水雾灭火系统,并开展了全尺寸实体火灾试验,结果表明在隧道通风良好的情况下,低压细水雾灭火系统开启后可有效降低隧道内的环境温度及火源周围的 CO 浓度,确保公路隧道的消防安全和人员逃生安全[6-7]。

以上所述的多数试验都验证了细水雾灭火系统对公路隧道火灾的抑制和控制效果。因此,国外许多国家与国内部分区域已允许在公路隧道内应用细水雾灭火系统,并制定了相应的应用技术导则或标准。欧洲 UPTUN 项目和 SOLIT2 项目[9-10]都发布了隧道固定灭火系统工程设计导则,为包括细水雾灭火系统在内的固定灭火系统在公路隧道内的应用提供了设计指导。美国《公路隧道、桥梁和其他有限制性通道公路标准》(NFPA 502—2014)规定公路隧道允许使用固定灭火系统,包括泡沫-水喷淋灭火系统、水喷雾灭火系统、泡沫-水喷雾灭火系统和细水雾灭火系统,并建议系统在发生火灾后 3 min 内启动以阻止火势增长[11]。世界道路协会(PIARC)发布的报告《公路隧道固定灭火系统:现状和推荐》(2016R03EN)也推荐在隧道内使用包括细水雾灭火系统在内的固定灭火系统[8]。我国湖南省地方标准《公路隧道消防技术规范》(DB 43/729—2012)提出 I 级隧道应设置泡沫喷淋或细水雾灭火系统,其中规定,细水雾灭火系统的喷雾强度不应小于 3.0 L/(min·m^2),喷雾时间不应小于 60 min[12]。

一些欧洲国家 2005 年后新建的隧道采用了细水雾灭火系统,如图 1-2 和表 1-4 所示,但其安装目的不尽相同,大多为保护隧道结构、隧道内设备和保障生命安全。如英国 Tyne 隧道和西班牙 Calle 30 隧道安装的细水雾灭火系统主要用于保护隧道结构和设备,英国 Dartford 隧道安装的细水雾灭火系统还用于保障生命安全,奥地利 Felbertauern 隧道和 Mona Lisa 隧道则因为通行危险品运输车辆而安装细水雾灭火系统;部分隧道则作为细水雾灭火系统的试点工程,如荷兰 Roertunnel 和 Swalmen 隧道等。这些公路隧道多采用高压细水雾灭火系统,喷雾强度为 0.5~0.8 L/(min·m^2),隧道火灾设防功率为 30~200 MW,系统多设置 2~3 分区同时启动,每个分区长 24~40 m,喷头安装间距 2~3.6 m,持续喷射时间为 1~5 h。

图 1-2 Mona Lisa 隧道的高压细水雾灭火系统

1.3 公路隧道细水雾灭火系统的国内外研究现状及应用情况

表 1-4 部分公路隧道细水雾灭火系统应用案例

隧道	隧道长度/m	通风方式	工作压力/MPa	系统类型（厂家）	喷雾强度/[L/(min·m²)]	分区长度/m	喷头间距/m	动作分区数	持续喷射时间/h	火灾设防标准/MW
奥地利 Felbertauern	5 300	横向	3~4	AQUASYS	0.78	36	2	3	5	200
奥地利 Mona Lisa	800	纵向	3~4	AQUASYS	0.70	40	2	3	2	200
芬兰 Helsinki 服务隧道	2 200	纵向	8	HI-FOG (Marioff)	0.50	25~30	3.5	2	1	20
荷兰 Roertunne	2 015	纵向	3~4	AQUASYS	0.78~0.80	25	2	3	1	200
荷兰 Swalmen	429	纵向	3~4	AQUASYS	0.70~0.72	25	2	3	1	200
西班牙 Calle 30	2 352	半横向	5~14	FOGTEC	0.70	24	3.2	3	1	30
英国 Dartford	1 435	纵向半横向	4.5（喷头）	FOGTEC	0.73	25	3.57	3	1	—
英国 Tyne-NB	1 650	纵向	5（喷头）	FOGTEC	0.50	25	2.8~3.6	3	—	200
英国 Tyne-SB	1 500	纵向	5（喷头）	FOGTEC	0.50	25	2.8~3.6	3	—	200
丹麦 Nordhavnsvejens	625×2	—	1（喷头）	Tumprotec (VID Fire-kill)	—	25	—	3	—	—

目前，国内公路交通隧道中仅有部分区域应用细水雾灭火系统，如：成都大源商业商务核心区地下环状行车道安装了高压细水雾灭火系统，其目的为消防安全保护；上海长江隧道也安装了高压细水雾灭火系统，但其目的却是对公路隧道实施喷雾降温，以避免因隧道纵向通风区段长、交通负荷高，在炎热季节隧洞内温度过高而带来的行车安全隐患；云南交投集团投资有限公司在云南邱家垭口隧道和芹菜塘1号隧道安装了丹麦VID公司生产的低压细水雾灭火系统，其目的是保障消防安全和确保人员逃生安全。

近年来，国内外相关研究证明了高压细水雾灭火系统或低压细水雾灭火系统应用于交通隧道抑制和控制火灾的有效性。随着社会经济的高速发展，人们环保意识日益增强，以水作为灭火介质的环境友好型细水雾灭火系统在抑火、控火、灭火的同时对人们健康和社会环境伤害小，更适于人员、车辆密集的城市交通隧道安全保护，因此细水雾灭火系统将逐渐受到城市交通隧道建设者和使用者的青睐，成为未来城市交通隧道灭火保护系统的主要选择之一。但细水雾灭火系统在城市交通隧道中的应用仍存在不少问题，具体如下：

（1）细水雾灭火系统的灭火效能受风力等环境气候条件影响较大，目前国内外公路隧道应用的细水雾灭火系统大多采用纯细水雾进行控火、灭火，未考虑细水雾添加剂及注入装置、隧道消火栓的协效作用。

（2）国内对城市交通隧道细水雾灭火技术的研究及应用还较少，尤其是隧道细水雾灭火系统的全尺寸试验研究比较少，缺乏相应的应用技术标准。

本书以细水雾灭火系统为研究对象，立足于：如何高效发挥细水雾灭火系统抑火、控火的作用，并提高系统的灭火性能；如何促使细水雾灭火系统功能化、人性化，在保证城市交通隧道安全保护作用的同时更加节能、高效，并结合细水雾灭火系统及交通隧道特点研制了城市交通隧道用细水雾添加剂、多功能高压水雾喷射装置、高压细水雾消火栓等一系列细水雾灭火系统的产品；通过隧道全尺寸试验深入考察细水雾灭火系统对隧道火灾发展和蔓延的抑制作用及其影响，讨论细水雾添加剂、高压水雾注入装置、隧道消火栓三者于城市交通隧道火灾中的协效作用，并结合隧道火灾扑救特点，开展了压缩空气泡沫灭火试验，提出压缩空气泡沫炮应用于城市交通隧道的主要技术参数，以进一步保障和提高城市交通隧道火灾蔓延高效抑制技术的有效性。

第2章
细水雾灭火添加剂的研究

2.1 概　述

细水雾灭火技术以其无环境污染（不会损耗臭氧层或产生温室效应）、灭火迅速、耗水量低、介质价格低廉、对防护对象破坏性小以及适用于特殊场所火灾等特点，已经成为卤代烷系列产品的主要替代品，备受全球各国的重视。

纯水细水雾的灭火机理主要包含下列几个方面：

（1）气相冷却作用。

细水雾的粒径一般在 400 μm 以下，在火场中可以迅速蒸发，而水具有很强的吸热能力，对火焰有迅速冷却的作用。

（2）稀释氧气窒息作用。

水滴在汽化过程中不仅吸收大量的热，而且体积迅速膨胀，可扩大 1 700 多倍，靠近火焰的大量水蒸气会稀释燃烧区的氧气浓度，降低燃烧速率，衰减热辐射。

（3）润湿可燃物表面。

部分穿透过火羽流的细水雾雾滴到达燃烧的表面，继续蒸发吸热，使燃烧物表面发生了冷却，降低了燃烧物的热解速率。

（4）乳化作用。

细水雾用于扑救油类火灾时，水雾冲击油品表面，形成乳化层，一方面降低了油品的蒸发速率，另一方面由于水雾雾滴的冲击搅拌作用能使可燃液体表层产生不燃烧的乳化层，起到了抑制燃烧的作用[13]。

细水雾灭火系统主要通过以上几个灭火机理发挥作用，并已广泛应用于舰船动力机舱、交通运输工具、计算机机房、可燃性液体存储仓库、民用建筑、古建筑、航空与航天飞行器机舱等场所。但由于细水雾雾滴粒径较小，不容易润湿可燃物表面，所以细水雾对固体深位火灾的灭火效果不佳。此外，细水雾灭火系统的灭火、控火效果会受风力等环境气候条件影响，在某些特殊火灾场景下的应用存在局限性。因此，研究人员考虑通过向细水雾中添加一些其他物质，改善细水雾的物理、化学性质，提高细水雾的灭火效能，拓展细水雾的应用范围。

含添加剂的细水雾是指在细水雾中添加一些高效的灭火物质，以水为载体实现物理灭火和化学作用灭火的结合，使其灭火机理在普通细水雾作用机理的基础上发生质的飞跃。除了细水雾的灭火效应外，添加剂分解参与燃烧反应，销毁燃烧过程中产生的游离基，形成稳定分子或低活性游离基，使燃烧反应终止[14]。以 NaCl 为例，添加剂中电离出的 Na^+ 和 Cl^- 能够捕捉燃烧反应的 H、OH 和 O 自由基，阻断链式反应，实现更迅速有效的灭火并防止复燃。

对于含添加剂的细水雾，添加剂的种类和添加浓度、雾场特性参数等是决定和影响含添加剂细水雾灭火系统灭火性能的主要因素。添加剂的使用造成水的密度、黏度、表面张力等发生变化，必然导致细水雾特性发生相应的变化。添加剂在溶液中的质量分数对细水雾液滴直径和速度有直接影响。添加剂使细水雾的平均粒径减小，速度即雾动量降低，但雾滴穿透能力和卷吸能力增强，吸热性能提高，同时添加剂浓度的增加又有利于化学灭火作用的发挥。当化学灭火作用的增加程度大于细水雾物理灭火作用的减少程度时，反映出的灭火效果就提高，反之反映出的灭火效果就降低。因此，向细水雾中添加化学灭火剂存在着细水雾与添加剂的最优浓度配比，在此浓度上化学作用和物理作用达到最佳配合，从而取得相对最佳的灭火效果。

研究表明，与普通的细水雾灭火系统相比，含添加剂的细水雾灭火系统灭火效能有明显的改善[15-17]。金属盐的水溶液作为雾化介质，可以提高水雾熄灭油池火与固体木垛火的性能。直接以海水作为雾化介质或向水中添加水成膜泡沫灭火剂要比以纯水作为雾化介质的细水雾具有更好的熄灭碳氢油池火效果。向细水雾中添加泡沫溶液熄灭固体塑料火的性能研究表明，加入泡沫添加剂后，细水雾灭火性能有了大幅度提高，即使其含量只有万分之一，也可使细水雾熄灭塑料火的时间缩短一些。

在国外，美国国家技术标准局（NIST）和加拿大国家研究局（NRC）的许多实验室都在进行这方面的研究；国内的研究工作起步相对较晚，尽管一些研究所、大学和细水雾灭火系统制造商都已开展了关于细水雾灭火系统的相关研究工作，但含添加剂的细水雾研究目前仅有中国科学技术大学火灾科学国家重点实验室、河南理工大学等少数几家单位。

细水雾添加剂分为以碱金属盐类及氢氧化物为代表的水溶性（主要为固态）添加物质和以微量泡沫及金属有机化合物为代表的非水溶性液态添加物

质[18]。目前，试验开发的细水雾添加剂多为碱金属和过渡金属的氢氧化物及卤素盐类，此类添加剂对燃烧反应有较好的化学抑制作用，但其水溶液通常有较强的腐蚀性（如 NaOH、KOH 都属于强碱），有的盐类还有毒性。灭火效能的问题解决了，但也带来了一定的副作用，这些对其自身的推广与应用不利。由于细水雾的雾场特性参数如粒径尺度、雾动量等对系统灭火效果有着决定性影响，而添加剂的存在，在发挥化学灭火作用的同时必然影响细水雾的物理特性，不利的影响主要是使细水雾的平均粒径减小，雾动量降低；另外，试验证明适当的添加剂配比浓度能够提高细水雾动能分布的均匀性，对物理因素灭火有利。因此，含添加剂的细水雾灭火系统，除了细水雾的雾场特性是系统灭火效果的重要影响因素外，添加剂的浓度也决定着不同灭火效应之间能否达到最佳匹配，从而影响灭火效能。确定添加剂与细水雾最优浓度配比，既充分发挥添加剂的作用，又不降低细水雾灭火系统相对于其他灭火系统在灭火时的优点和有效性。

综上所述，本章以寻求细水雾物理、化学灭火作用的最佳配合为目标，研究添加剂对雾滴粒径、动量、化学抑制效果对细水雾灭火作用的影响，研制出一种高效细水雾灭火添加剂。

2.2 试验原料与表征方法

2.2.1 试验原料

碳酸氢铵、碳酸氢钠、碳酸钠、钨酸钠：AR 级，成都市科龙化工试剂厂。
钨酸铵：AR 级，国药集团化学有限公司。
氯化铵：AR 级，重庆茂业化学试剂有限公司。
碳酸钾、磷酸氢二铵：AR 级，天津市大茂化学试剂厂。
碳酸氢钾：AR 级，上海埃彼化学试剂有限公司。
氟蛋白泡沫灭火原液：四川成都市石人消防器材装备有限责任公司。
氟碳表面活性剂：杜邦 F1157。
混合油燃料：0#柴油、90#汽油。
OP-10：AR 级，成都市科龙化工试剂厂。
十二烷基磺酸钠：山东优索化工科技有限公司。
十二烷基苯磺酸钠：南京佳吉化工有限公司。
十二烷基甜菜碱 BS-12：天津中和盛泰化工有限公司。

甜菜碱 CAB-35：广州市远承化工科技有限公司。

烷基糖苷 APG-0810，0812，1214：广州共穗化工有限公司。

2.2.2 试验仪器

高压细水雾灭火枪：浙江华球机械制造有限公司，25 L/min，最大工作压力 12 MPa。

灭火试验油盘：21B、34B、55B。

2.2.3 测试与表征方法

1. 油盘火灭火试验

根据国家标准《手提式灭火器 第 1 部分：性能和结构要求》（GB 4351—2005），在圆形盘内放入车用汽油，采用 21B（0.66 m^2）、34B（1.07 m^2）、55B（1.73 m^2）灭火级别试验模型测试细水雾灭火效能。

2. 热失重傅里叶红外联用分析（TG-FTIR）

热重-红外联用（TG-FTIR）试验采用 TA-Q500（TA Instruments，New Castle，DE，USA）热重分析仪和 Nexus 6700（Thermo Nicolet Corp，Madison，WI）傅里叶变换红外（FT-IR）光谱仪联用。热重分析仪与傅里叶变换红外光谱仪之间通过硅胶管连接，在硅胶管外表面缠上可调温的加热袋，使连接管温度保持在 200～300 ℃，以保证试验过程中水蒸气等气体组分不会冷凝，并采用流量为 100 mL/min 的高纯氮气（99.999%）作为保护气及载流气体。取 10 mg 左右的样品置于 TG 样品池中，采用 10 ℃/min 的速率从室温加热至 600 ℃，样品热解过程中产生的气体通过硅胶管进入 FT-IR 样品池，FT-IR 进行实时在线检测，FT-IR 的扫描范围为 4 000～400 cm^{-1}，扫描次数为 16 次，分辨率为 4 cm^{-1}。

2.3 无机物类细水雾添加剂

针对水在灭火过程中存在的灭火作用机理单一的缺点，本书将具有分解产生惰性气体且存在双水解反应的多种无机盐粉末引入水中，制成水系灭火剂，使得水系灭火剂不仅具有水蒸气的稀释冷却作用，而且发生分解反应吸收大量

2.3 无机物类细水雾添加剂

热量,同时产生惰性气体,能够很好抑制火焰的持续燃烧。

2.3.1 无机盐类细水雾灭火液制备及优化

无机盐种类及配比是决定无机盐之间充分反应的重要因素,无机盐在水中具有较高的溶解度以及无机盐之间较好的反应活性,是将其作为水系灭火剂改性剂制备灭火液的关键。表 2-1 是根据兰氏化学手册查表列出制备灭火液的无机盐在水中不同温度下的溶解度,由表可以看出,无机盐在水中的溶解度随着温度升高有明显的增加,几种不同的无机盐中铵盐[NH_4Cl、$(NH_4)_2HPO_4$]以及钾盐(K_2CO_3、$KHCO_3$)在 0~60 ℃范围内在水中溶解度较高,钠盐中 Na_2CO_3、$NaHCO_3$ 在水中溶解度略低,而 Na_2WO_4 溶解度较高,NH_4HCO_3 在水中的溶解度随着温度的增加有大幅度的提高。

表 2-1 无机化合物和金属盐在水中的溶解度(%)

温度	0 ℃	20 ℃	40 ℃	60 ℃
NH_4Cl	29.4	37.2	45.8	55.3
$(NH_4)_2HPO_4$	42.9	68.9	81.0	81.8
Na_2CO_3	7.0	21.5	49.0	46.0
K_2CO_3	105	111	117	127
$NaHCO_3$	7.0	9.6	12.7	16.0
$KHCO_3$	22.5	33.7	47.5	65.6
Na_2WO_4	71.5	73	77.6	90.8
NH_4HCO_3	11.9	21.7	36.6	59.2

根据表 2-1 中无机盐在水中的溶解度以及复分解反应配比,以酸式盐 NH_4Cl 和碱式盐 $NaHCO_3$、Na_2CO_3、K_2CO_3 以及催化协效剂 Na_2WO_4、NH_4WO_4 等制备灭火液,其组分配比如表 2-2 所示,1、2、3 号灭火剂中酸式盐 NH_4Cl,碱式盐 $NaHCO_3$、Na_2CO_3、K_2CO_3 浓度均较大,4、5 号样品中以 NH_4Cl、NH_4HCO_3 和尿素为主要灭火组分。观察无机盐复合灭火剂在水中的溶解情况发现,1、2、3 号灭火剂在水中能够很好地溶解,溶液底部基本无沉淀及杂质,而 4、5 号灭火剂有较多溶质不能溶解,溶液底部有较多沉淀或结块。分析几种灭火剂配比及溶解情况可知,在 1、2、3 号灭火剂中,酸式盐、碱式盐复配可能是灭火剂能够很好溶解的原因,是制备灭火液的关键因素。在 4、5 号灭火剂中,仅以

酸式盐作为主灭火剂，使得 NH_4^+ 浓度过大，这可能是部分溶质不能溶解的原因，由此可以确定以酸式盐、碱式盐复配的配方作为制备灭火添加剂的基础。

表 2-2 不同种类灭火液无机盐配比

编号	NH_4Cl	$NaHCO_3$	其他碳酸盐	$(NH_4)_2HPO_4$	Na_2WO_4	NH_4WO_4	尿素	H_2O
1	60	31.5	K_2CO_3（52.5）	15	—	—	—	442.5
2	85	9	Na_2CO_3（40.5）	12	—	—	—	417
3	53.5	39	K_2CO_3（35）	15	—	—	—	400
4	53.5		NH_4HCO_3（40）		—	—	—	412
5	53.5		NH_4HCO_3（78）	15	—	—	—	400

2.3.2 多种无机盐复配灭火液的制备及分析

根据以上分析可知，酸式盐与碱式盐在溶液挥发到气相的过程中有一定的反应性，氯化铵与碳酸钾等碱式盐复配的盐溶液发生二氧化碳、氨气（本书称其为惰性气体）的反应，因此选取氯化铵作为酸式盐，与其他无机盐复配制备灭火剂溶液。各灭火液配比如表 2-3 所示。

表 2-3 不同种类灭火液配比组分

编号	NH_4Cl	$NaHCO_3$	Na_2CO_3	$KHCO_3$	K_2CO_3	$(NH_4)_2HPO_4$	Na_2WO_4	NH_4WO_4	H_2O
1	60	31.5			52.5	15	—	—	442.5
2	85	9	40.5			15	—	—	417
3	40	31.5		37.5		22.5	—	—	375
4	53.5	39			35	15	—	—	385
5	114	12	54			20	—	—	412
6	85	9	40.5			12	—	—	417
7	82	13			52	15	—	—	500
8	82	13			52	15	—	—	500
9	164	26			104	30	—	—	500
10	82			13	52	15	—	—	500

2.3 无机物类细水雾添加剂

为考察不同碱式盐碳酸钠、碳酸钾对灭火液不同温度下产生惰性气体种类、含量的影响,对 1、2 号灭火液进行 TG-FTIR 分析,图 2-1 列出了 1、2 号灭火液在不同温度下气相挥发物红外谱图,由图可以看出两种灭火液气相谱图中一定温度范围内均出现二氧化碳的 2 300 ~ 2 400 cm^{-1} 和 670 cm^{-1} 波数处吸收峰以及氨气的 930 cm^{-1} 和 965 cm^{-1} 波数处特征吸收峰;同时两种灭火液惰性气体释放温度范围有明显的不同,1 号灭火液在 50 ~ 300 ℃ 内均有明显的二氧化碳和氨气的释放,而 2 号灭火液二氧化碳及氨气的释放温度范围为 50 ~ 170 ℃,170 ℃ 以上 2 号灭火液不再释放惰性气体。从气相挥发物红外特征吸收峰强度上可以看出,1、2 号灭火液惰性气体二氧化碳、氨气释放量随着温度的升高都存在先增加后降低的现象,不同的是 1 号灭火液在较低温度下即达到较高惰性气体释放量,而且在低温下氨气的释放量较高,而 2 号灭火液在低温下释放惰性气体量较小,随着温度的升高增加缓慢,在较高温度下才能达到较大的惰性气体释放量。对比 70 ℃ 以及 150 ℃ 下两种灭火液释放气体行为,在较低温度 70 ℃ 条件下 1 号灭火液释放惰性气体中二氧化碳、氨气的特征吸收峰强度与 2 号灭火液相比明显较高,而在较高温度 150 ℃ 条件下 1 号灭火液释放惰性气体中二氧化碳、氨气的特征吸收峰强度与 2 号灭火液相比强度大小相仿。

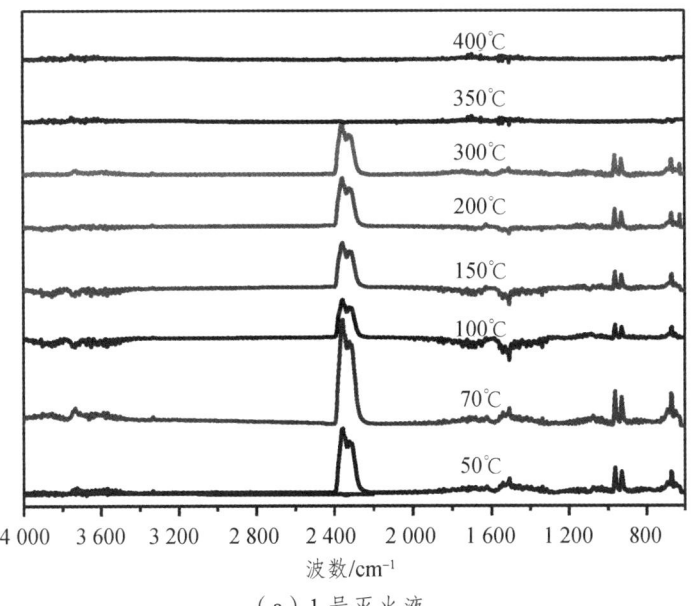

(a) 1 号灭火液

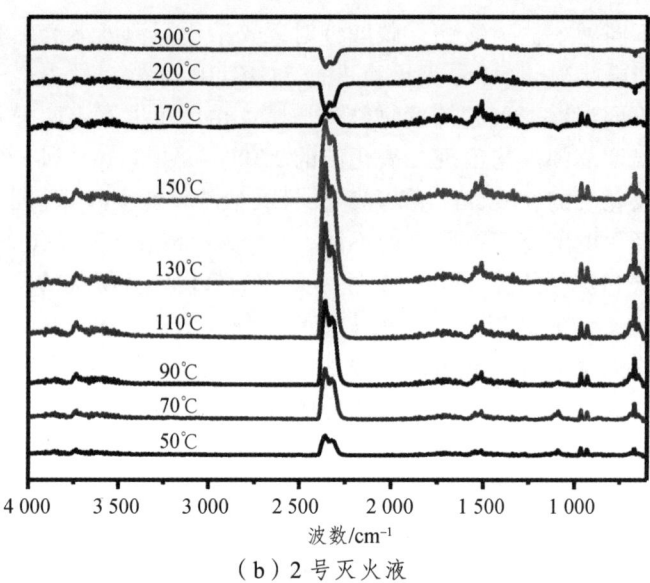

（b）2号灭火液

图 2-1 灭火液 TG-FTIR 分析

由 TG-FTIR 联用分析中不同温度下红外谱图（见图 2-2）分析可知，由氯化铵、碳酸钾、碳酸氢钠、磷酸氢二铵以及催化协效剂钨酸钠制备的灭火液具有较大的惰性气体释放温度范围，同时惰性气体释放能力较强，在较低温度下即可大量释放。

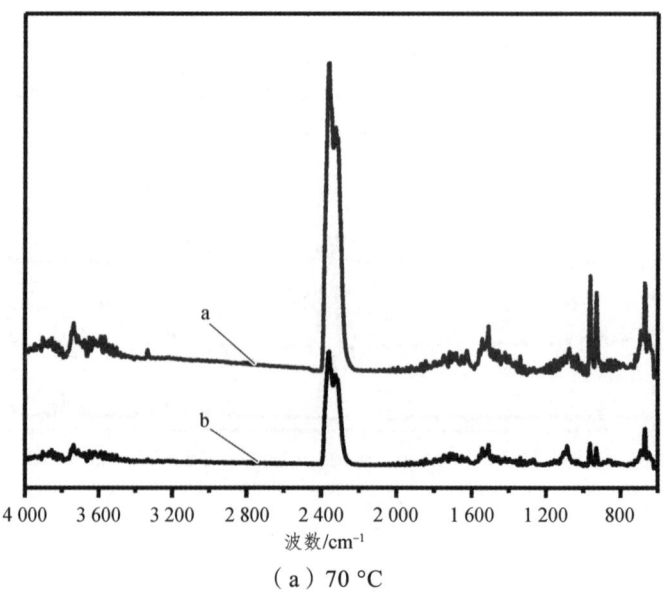

（a）70 ℃

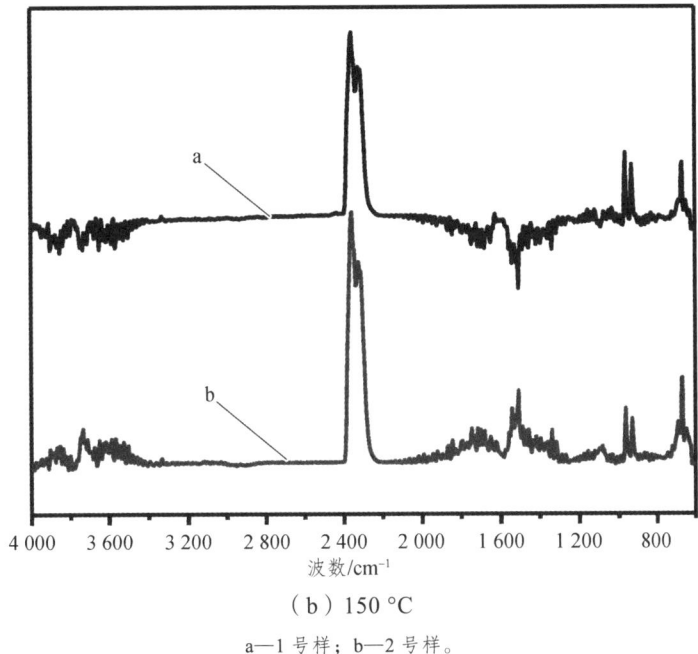

(b) 150 ℃

a—1号样；b—2号样。

图 2-2　1号样、2号样在 70 ℃ 和 150 ℃ 时的红外吸收谱图对比

TG-FTIR 分析中气相挥发物红外吸收强度能表观反映试样裂解气体红外吸收强度随温度的变化，是表征试样裂解产生气体量大小的重要参数。图 2-3 列出了 TG-FTIR 分析中灭火液气相挥发物红外吸光度大小。由图中曲线 a 可以看出纯水在 TG-FTIR 分析中气相挥发物红外吸光度较低，可能是由于水蒸气在由 TG 测试组件向 FTIR 测试组件流通过程中冷凝或吸附在管道壁上致使进入 FTIR 测试器皿中的水蒸气大幅度减少。曲线 b 为氯化铵+碳酸钾水溶液气相挥发物红外吸光度曲线，由曲线可以看出，与纯水吸光度曲线 a 相比，曲线 b 有大幅度增加，说明水溶液有大量的惰性气体放出，其在 50～300 ℃ 之间释放惰性气体并呈现出两步释放行为。由曲线 c 可以看出多种无机盐复配组成的灭火液气相挥发物红外吸光度较高，其在 50～300 ℃ 均有惰性气体释放出，在 100～200 ℃ 惰性气体释放速率较高，由此可知多种酸式盐、碱式盐复配水溶液比单一酸式盐、碱式盐溶液具有更高的释放惰性气体的能力。曲线 d 和曲线 e 为在多种无机盐复配制备的灭火液中分别引入催化协效剂钨酸铵和钨酸钠的灭火液气相挥发物红外吸光度曲线，由两强度曲线看出将催化协效剂引入无机盐溶液中能大幅度提高惰性气体的释放量，同时无机盐在较低的温度下即可释放出大量惰性气体，说明催化协效剂提高了无机盐溶液的释放惰性气体的能力,降低了产生惰性气体二氧化碳、氨气的反应所需温度,促使无机盐溶液能够在短时间内排放出大量的二氧化碳和氨气,这对一定空间内释放惰性气体稀释可燃气体及氧气,促进火焰的扑灭具有较好的作用。从曲线 d 和曲线 e 还可以看出在两种不同的催化协效剂制备的灭火液中,引入钨酸钠的灭火液从 50 ℃ 开始释放惰性气体,随着温度的增加气体释放量大幅度升高,在 90 ℃ 即达到最大的气体排放量,由此说明钨酸钠具有更好的促进无机盐溶液反应的能力,由钨酸钠作为协效剂的灭火液应具有更好的灭火效果。

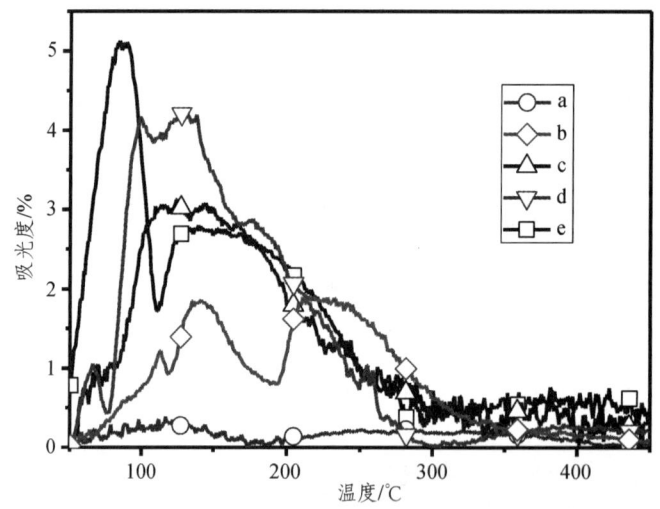

a—纯水;b—4 号样;c—3 号样;d—2 号样;e—1 号样。

图 2-3　TG-FTIR 分析中灭火液气相挥发物红外吸光度对比

图 2-3 中惰性气体在不同温度下红外吸光度的对比定量表征灭火液在升温分解过程中惰性气体生成量的大小,通过矩形法积分求取 a、b、c、d、e 五条曲线与横坐标之间面积如表 2-4 所示,由曲线积分量的大小可知 1 号灭火液(e)惰性气体释放量最大。

表 2-4　五种灭火液惰性气体红外吸收气体量比较

灭火液	a	b	c	d	e
气体量	65	326	512	611	662

注:a 为 H_2O;b 为 $NH_4Cl+K_2CO_3$;c 为 $NH_4Cl+K_2CO_3+(NH_4)_2HPO_4+NaHCO_3$;d 为 $NH_4Cl+K_2CO_3+(NH_4)_2HPO_4+NaHCO_3+(NH_4)_2WO_4$;e 为 $NH_4Cl+K_2CO_3+(NH_4)_2HPO_4+NaHCO_3+Na_2WO_4$。

2.3.3 含无机类添加剂灭火液灭火效能的研究

根据国家标准《手提式灭火器 第 1 部分：性能和结构要求》（GB 4351—2005）设置火源，在圆形盘内放入车用汽油，采用 14B（0.44 m^2）、21B（0.66 m^2）、34B（1.07 m^2）灭火级别试验模型测试细水雾灭火效能（见图 2-4）。灭火试验中采用高压细水雾喷枪实施灭火，油盘火预燃 1 min，分别考察纯水细水雾，1 号、2 号、3 号等无机盐类细水雾添加剂按 6%、10%、20% 浓度添加比例制备的复合灭火液的灭火效能（见表 2-5 ~ 表 2-7），灭火过程如图 2-5 所示。

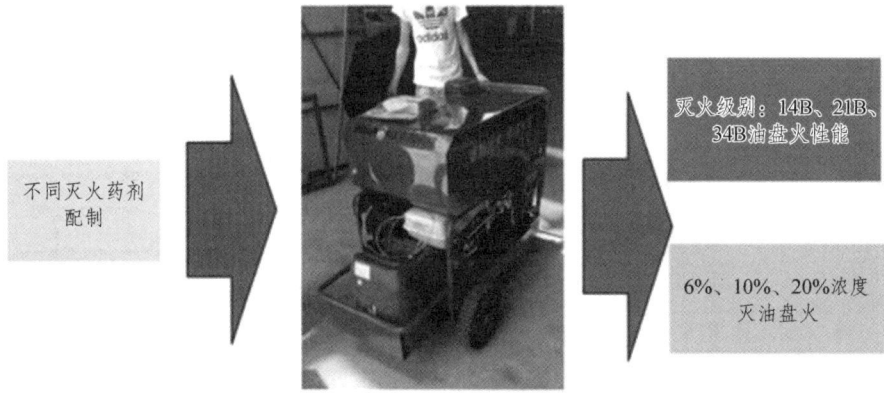

图 2-4 油盘火灭火试验

图 2-5 灭火过程

由油盘火灭火试验可知，添加无机盐类细水雾灭火添加剂能明显提升细水雾灭火效能，14B、21B、34B 油盘火灭火试验灭火时间均大幅度下降，其中 3 号无机盐添加剂灭火效能提升效果最为明显。

表 2-5 细水雾添加剂配方

编号	NH_4Cl	$NaHCO_3$	乳酸钾	醋酸钾	K_2CO_3	$FeCl_2$	Na_2WO_4	NH_4WO_4	H_2O
1	60	31.5	—	—	52.5	15	—	—	442.5
2	85	9	—	—	—	15	—	—	417
3	40	31.5	—	—	—	22.5	—	—	375
4	53.5	39	—	—	35	15	—	—	385
5	114	12	—	—	—	20	—	—	412
6	85	9	—	—	—	—	12	—	417
7	82	13	—	—	52	15	—	—	500

表 2-6 不同添加剂细水雾在 6%浓度下针对不同灭火级别油盘火灭火时间

单位：s

细水雾类型	14B 油盘火	21B 油盘火	34B 油盘火
纯水细水雾	47	64	97
含添加剂细水雾 1	33	45	52
含添加剂细水雾 2	34	46	65
含添加剂细水雾 3	23	35	42
含添加剂细水雾 4	35	42	55
含添加剂细水雾 5	33	47	68
含添加剂细水雾 6	27	39	59
含添加剂细水雾 7	38	49	73

表 2-7 10%、20%浓度下灭 34B 油盘火灭火时间

单位：s

细水雾类型	10%	20%
含添加剂细水雾 1	39	27
含添加剂细水雾 2	52	36
含添加剂细水雾 3	37	28
含添加剂细水雾 4	43	31
含添加剂细水雾 5	56	41
含添加剂细水雾 6	47	34
含添加剂细水雾 7	60	43

由无机盐类细水雾灭火添加剂灭油盘火试验结果可知，研发的无机盐类细水雾灭火添加剂能明显提高细水雾灭火性能，在 6%、10%、20%添加浓度下均能大幅降低油盘火灭火时间，并且灭火效能随添加浓度的增加而增加。

2.4 有机表面活性剂类细水雾灭火添加剂制备与性能研究

碳氢表面活性剂是水系灭火剂、水成膜灭火剂的主要成分，其主要作用机理是疏水链段和亲水链段在油水界面形成泡沫阻隔火焰。蛋白泡沫灭火剂是高效水系灭火剂的延伸技术产品，它由碳氢表面活性剂、氟碳表面活性剂、助剂、稳定剂、抗冻剂等组成。其特点是灭火时能在烃类燃料表面快速形成一层水膜，迅速抑制燃料蒸发；泡沫层迅速蔓延，覆盖燃料表面，因而发挥了泡沫和水膜的双重灭火作用，既可以灭油类火灾，又可以灭极性溶剂火灾。碳氢表面活性剂可调节细水雾表面张力及化学活性，增加灭火效能。

水系灭火剂中应用的表面活性剂的结构一般由两部分组成：一部分为油溶性基团或叫疏水基，另一部分为水溶性基团或叫亲水基。油溶性基团中的氢原子被氟原子取代，就成为氟碳表面活性剂，氟碳表面活性剂在很低的使用浓度下就能使液体表面张力显著降低，其效果是碳氢表面活性剂和有机硅表面活性剂所无法比拟的。氟碳表面活性剂在强酸、强碱中具有优良的化学稳定性，同时在高温下极稳定，可在 300 °C 以上使用不发生分解。在碳氢类有机表面活性剂中加入质量分数为 0.005%～0.05%的阴离子或非离子型氟碳表面活性剂即可制得氟碳类细水雾灭火添加剂。

2.4.1 有机类细水雾灭火添加剂制备

采用聚氧乙烯醚、烷基糖苷、SDS、BS-12、OP-10、CAB-35、普通蛋白泡沫原液等有机表面活性剂与水复配制备细水雾灭火添加剂，通过细水雾灭火枪考察不同复配添加剂对细水雾灭火效能的影响。有机表面活性剂类细水雾灭火添加剂配比如表 2-8 所示。

表 2-8 有机表面活性剂类细水雾灭火添加剂配比

编号	聚氧乙烯醚	APG1214	APG0810	SDS	BS-12	OP-10	CAB-35	蛋白泡沫	水
1	1	2			2				2
2	1		2		1		1		2
3		1	1	2		2			2
4	1		2					2	2
5			2	2	1				2
7			2			1	1	1	2
8		2				1	1	1	2

采用氟碳类表面活性剂与聚氧乙烯醚、烷基糖苷、SDS、BS-12、OP-10、CAB-35、稳定剂、抗冻剂混合后，与水复配制备含氟类细水雾灭火添加剂，通过细水雾灭火枪考察不同复配添加剂对细水雾灭火效能的影响。氟碳类有机表面活性剂类细水雾灭火添加剂配比如表 2-9 所示。

表 2-9 氟碳类有机表面活性剂类细水雾灭火添加剂配比

编号	氟碳活性剂	APG1214	APG0810	SDS	BS-12	OP-10	CAB-35	稳定剂	抗冻剂
9	1	5						0.3	0.2
10	1		5					0.3	0.2
11	1			3		2		0.3	0.2
12	1				3		2	0.3	0.2
13	1		3		1		1	0.3	0.2
14	1		2	2				0.3	0.2
15	1		2	1		1	1	0.3	0.2

2.4.2 含有机类添加剂细水雾灭火效能的研究

根据《手提式灭火器 第 1 部分：性能和结构要求》(GB 4351—2005)，在圆形盘内放入车用汽油，采用 14B（0.44 m^2）、21B（0.66 m^2）、34B（1.07 m^2）灭火级别试验模型测试细水雾灭火效能。灭火试验中采用高压细水雾喷枪实施灭火，分别考察纯水细水雾、含有机类表面活性剂类细水雾添加剂按 6%添加比例制备的复合灭火液的灭火效能。灭火过程如图 2-6 所示。

图 2-6　不同种类细水雾灭火剂灭火过程

有机类细水雾灭火添加剂灭 34B 油盘火灭火时间如表 2-10 所示。由灭油盘火试验结果可知，由氟碳复配类表面活性剂 AFFF 与聚氧乙烯醚、烷基糖苷、SDS、BS-12、OP-10、CAB-35、稳定剂、抗冻剂混合后，与水复配制备的含氟类细水雾灭火添加剂，能明显提高细水雾灭火性能，在 6%添加浓度下均能大幅降低油盘火灭火时间。

表 2-10　不同有机类细水雾灭火剂针对 34B 油盘火灭火时间

单位：s

碳氢活性剂类	34B 油盘火	氟碳复配类	34B 油盘火
纯水细水雾	97		
1	39	9	33
2	38	10	30
3	42	11	35
4	33	12	37
5	31	13	25
6	36	14	22
7	28	15	29
8	40		

2.5 本章小结

本章制备了两种细水雾添加剂，通过引入含协效剂无机盐类灭火添加剂低温催化形成不燃性稀释气体的方式，提高细水雾的灭火效率；利用碳氢类化合物复配有机氟碳表面活性剂的灭火添加剂体系，改善细水雾在交通隧道中的雾化效果，进而获得扩散性能好、灭火效能优异的细水雾灭火系统。两种药剂都可按3%、6%等不同比例添加到细水雾灭火系统中，并通过火灾试验证明该添加剂可大幅度提高细水雾灭火系统的灭火效能，灭火时间都降低50%以上。该灭火添加剂可广泛应用于隧道、综合管廊等细水雾灭火系统中，拓展了细水雾灭火系统的应用领域。

第 3 章
城市交通隧道专用高压细水雾灭火系统的研制

3.1 概 述

如第 1 章所述,国内外开展的一系列公路隧道细水雾灭火系统火灾试验[19-21],充分考虑了公路隧道可能涉及的火灾类型和规模,试验结果表明了细水雾灭火系统可有效控制隧道火灾,阻止火势蔓延,保护隧道结构,虽然这些试验中火灾往往没有被扑灭,但火势大多控制在一定范围内,并未向其他可燃物蔓延,且气体温度也大多大幅度下降。研究人员分析,这可能是因为与普通建筑相比,隧道的火灾载荷要高得多,且隧道通风系统对细水雾灭火效果有较大的影响[22],而试验中细水雾灭火系统的喷雾强度大多为 $1\sim4$ L/(min·m^2),这种强度大多用于住宅和工业建筑的火灾抑制。此外,这些研究中的细水雾灭火系统大多采用普通市政用水进行控火、灭火,并未考虑细水雾灭火添加剂的增效协同作用。

本章拟针对现有细水雾装置控火、灭火效果受风力等环境气候条件影响较大的问题,研制专用于城市交通隧道的高压细水雾灭火系统,该系统除具备高压细水雾灭火系统的通用功能外,还可根据系统设计流量定量输送细水雾灭火添加剂,能够有效提高高压细水雾灭火系统的控火、灭火效果。

3.2 系统的设计研发

3.2.1 系统原理及总体布置

在总结、吸取国内外主流厂家的装置设计、安装、调试运行等经验的基础上,结合全新设计理念,该系统整合细水雾添加剂自动注入装置,有效提高了系统的性能。其主要的设计原理及技术路线如图 3-1 所示。系统原理及总体结构布局如图 3-2 所示。

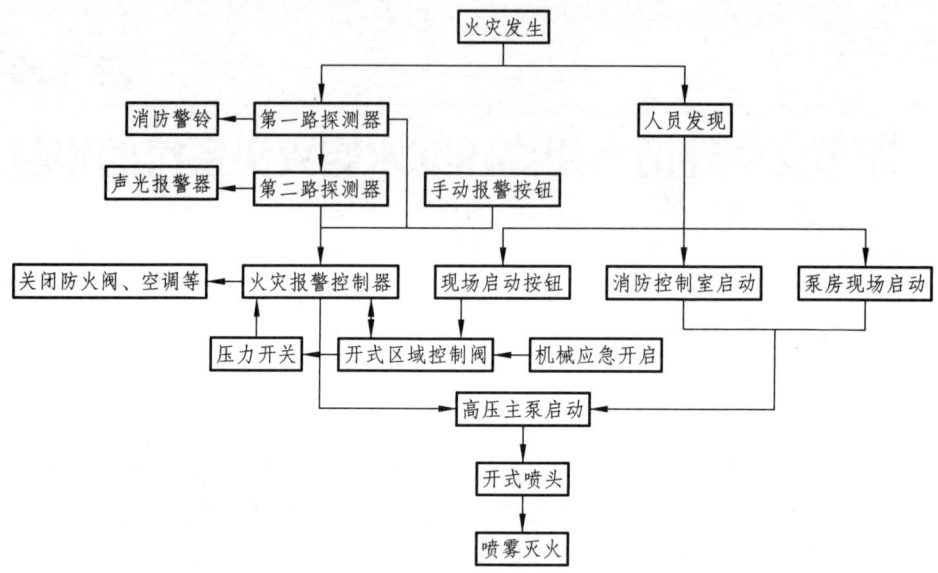

图 3-1　设计原理及路线

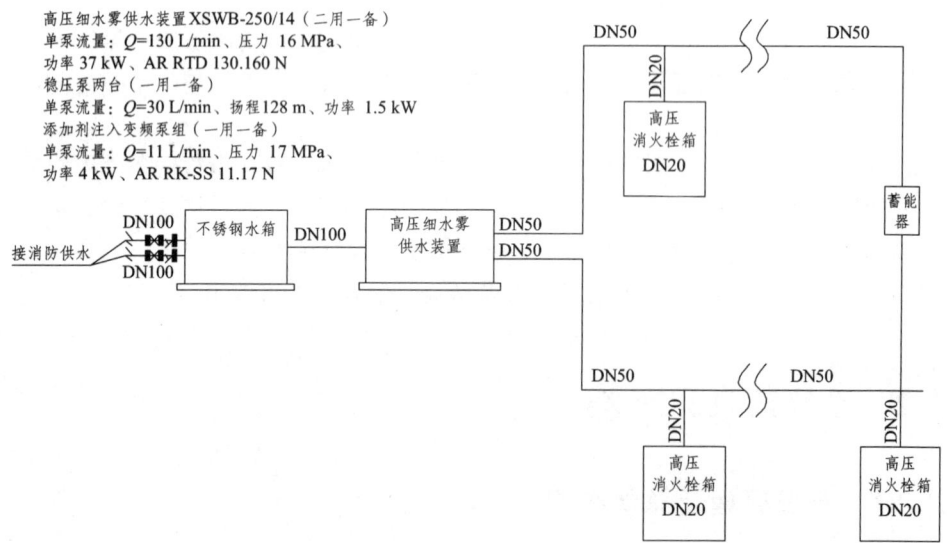

图 3-2　总体结构布局

3.2.2 细水雾灭火装置的主要部件及参数

1. 泵组单元

泵组单元主要包含设备供水泵、电机、稳压泵、调压泄压阀、安全阀及管网、支撑架等部件。泵组单元具有以下特点：

（1）模块化设计，拆装方便，易于维护；
（2）管道采用奥氏体不锈钢；
（3）管道之间采用软管连接，设备之间相互干扰较小，设备振动不明显；
（4）高压设备配备多道超压保护，运行安全可靠；
（5）操作简单，方便使用，可一键启停；
（6）运行参数显示直观。

图3-3~图3-5分别为七用一备泵组、三用一备泵组和一用一备泵组。

图3-3 七用一备泵组

图3-4 三用一备泵组

图 3-5 一用一备泵组

1）设备供水泵

设备供水泵均采用高压柱塞泵,该泵结构紧凑,体积小,稳定性高,并配有专用泄压调压阀,同时配备有止回阀等保护设备。其主要技术参数见表 3-1。

表 3-1 高压柱塞泵主要参数

流量	工作压力	功率	转速	进水口直径	出水口直径
130 L/min	16 MPa	38 kW	1 000 r/min	3/2″	1″

2）电机

高压细水雾自动灭火系统采用三相异步电机。

3）稳压泵

设备配有 2 台稳压泵（一用一备），用于稳定管道内压力,其材质为不锈钢。

工作原理：当分区控制阀打开后管道压力下降时,稳压泵将自动启动,若运行超过 10 s 后压力仍达不到 0.8 MPa,装置将自动启动高压柱塞泵。

4）调压泄压阀

调压泄压阀选用黄铜材质,与高压柱塞泵、水箱连接；当主泵压力过高时,泄流水能通过阀门回流至储水箱。

5）安全阀

安全阀,又称安全溢流阀,是由介质压力驱动的自动泄压装置,为黄铜材质,其泄放动作压力值为 15.5 MPa。

2. 电气控制柜

电气控制柜由双电源切换开关、软启动器、可编程控制器（PLC）、传感器、控制电路、柜体等部分组成，可手动、自动控制，同时可检测泵组工作状态。其控制功能由PLC完成，消防泵为软启动，以减少启动电流对电网的冲击。电气控制柜主要功能如下：

（1）电气控制柜的技术性能符合低压电器国家标准的规定；
（2）电源电压：AC 380 V；
（3）工作状态可显示各泵工作、主备电源工作等工作状态；
（4）带双路电源开关，可以接入两路电源，以保证系统使用可靠；
（5）泵组控制柜面板上设有泵手动启、停按钮，可一键完成泵组操作。

3. 水　箱

水箱按照《02S101矩形给水箱》（GJBT-565）标准采用不锈钢材料制造，具有防尘、防藻的技术措施，并设有过滤装置；可通过液位计传感器将液位信息传到控制柜，能自动补水；可根据使用环境和设计要求定制。

4. 分区控制阀

分区控制阀的主要功能是接收火灾报警控制器的控制信号，开启电动截止阀，向防护区释放细水雾实施灭火。在喷头正常喷射细水雾时，由压力开关向火灾报警控制器发出反馈信号。分区控制阀由手动球阀、电动截止阀、压力开关、压力表等组成，采用不锈钢材质。工作电源为DC 24 V，额定工作压力为15 MPa。分区控制阀安装有压力表，分区控制阀出水侧安装有自动排水阀、试水阀和压力开关，指示灯、应急启动按钮固定于箱体的面板上，在工程安装时，将常开进/出水控制阀设置在箱体外的分区阀进/出支管上。分区控制阀具有自动、手动和机械应急操作装置，但在通电状况下严禁用机械应急方式强行开启阀门，否则可能造成设备故障或损坏。其特点如下：

（1）采用的电动截止阀构造简单，驱动力矩小，开启迅速，操作简便可靠；
（2）具有多种启动方式，除具备电动启动功能外，还具有机械应急启动方式；
（3）工作压力范围宽，可达到15 MPa；
（4）具有可靠的密封性能；
（5）设备出入口采用高压软管连接，方便装配及检修；
（6）设备材质为耐腐蚀奥氏体不锈钢材料。

5. 高压细水雾喷头

高压细水雾喷头由主体、旋流芯、过滤网等组成，在一定水压下，利用离心、射流等方式将水雾化，如图 3-6 所示。细水雾喷嘴具有水雾均匀性好、损失少、弥漫性强等优点，并具有以下特点：

(1) 雾化锥角大，雾形良好；

(2) 雾通量大，吸热效率高；

(3) 喷头工作压力范围宽，能耗小；

(4) 喷头尺寸小，外形美观；

(5) 安装维护方便。

图 3-6　高压细水雾喷头

高压细水雾喷头参数见表 3-2。

表 3-2　高压细水雾喷头参数

流量特性系数 K	工作压力 /MPa	喷头总流量 /（L/min）	最大安装间距 /m	最大安装高度 /m
1.0	10	10.0	3	3
1.7	10	17.0	4	4

3.2.3　细水雾添加剂自动注入装置

细水雾添加剂自动注入装置由添加剂储存箱、添加剂注入泵组、流量计、添加剂注入控制柜等组成。其基本工作原理是根据细水雾泵组出口流量，按设定的添加剂注入比例调整添加剂泵组出口流量，实现计量注入。

1. 装置设计

（1）添加剂注入泵必须由耐腐蚀的材料制造，如铜合金及不锈钢（试验装置为不锈钢高压柱塞泵）。

（2）添加剂注入泵的输出压力至少应高于泵组式细水雾灭火装置最大工作压力 1 MPa（试验装置为 17 MPa，试验泵组为 15 MPa）。

（3）流量选择：注入泵组流量应大于泵组式细水雾灭火装置最大流量时按比例要求注入的添加剂量的 1.1 倍（试验泵组式细水雾装置为 250 L/min，按 3% 计算，添加剂泵流量应选择大于 250 L/min×3%×1.1=8.25 L/min，实际选择为 11 L/min 泵），同时应满足最低流量时注入泵的控制要求。

（4）添加剂泵电机匹配计算应按添加剂泵的最大流量计额定压力计算（试验泵组为 17 kW×11/(60×0.81)=3.85 kW，实际匹配 4 kW 单相异步交流电机）。

(5)注入泵组管件(单向阀、接头、泄压调压阀等)均按注入泵额定压力计算选型或制造,但高压软管应按 1.5 倍额定压力选型。

(6)添加剂储存箱应用耐腐蚀材料制作,试验装置为 304 不锈钢板制作,储存箱上设有液位传感器、呼吸阀、排污阀等,加液口应设计不低于 120 目耐腐蚀过滤器。

2. 细水雾添加剂自动注入装置的工作流程

(1)当泵组式细水雾灭火装置启动时,主控柜向注入装置控制柜发出启动指令,集流管出口的流量计开始工作。

(2)控制柜主机感知到流量计流量信号。

(3)当流量信号达到设计需要添加的最小流量时,主机指令由变频器控制的注入泵组工作,按比例输出添加剂,经单向阀和混合器注入主管道。

(4)感知到流量增加时,主机指令变频器按设计参数射频增加注入泵组转速,添加剂按比例增加。

(5)感知到流量减少时,主机指令变频器按设计参数射频减少注入泵组转速,添加剂按比例减少。

(6)在工作过程中可向添加剂储存箱持续添加添加剂。

(7)添加剂可根据需要的添加比例设置。

灭火剂添加注入装置样机见图 3-7。

图 3-7 灭火剂添加注入装置样机

3.2.4 系统工作流程

泵组通过三种方式启动。在准工作状况下，高压细水雾灭火系统从泵组出口端至分区控制阀前的管网内，维持 0.8~1.2 MPa 的压力。当压力低于稳压泵的设定启动压力（0.8 MPa）时，稳压泵启动，使系统管网维持稳定压力。当火灾发生时，火灾探测器发出报警信号，通过火灾报警联动控制器打开分区控制阀。当主管压力低于 0.8 MPa 时，稳压泵启动；当稳压泵运行超过一定时间后压力仍达不到 0.8 MPa 时，主泵按程序梯次启动（稳压泵停止），直到管网压力达到 15 MPa。高压柱塞泵泵组输出一定流量和压力的水，经分区控制阀到达指定分区，最后由喷头喷射高压细水雾。若系统压力在未启动备用泵之前到达 15 MPa，则认为主泵工作组正常，多余流量将通过泄压调节阀返回水箱，工作泵组维持压力运行；若工作泵组全部启动而输出压力没有到达设定值，则认为主泵组故障，备用泵启动运行。启动的分区控制阀上的压力开关将反馈信号反馈给中控中心，告知哪个分区已启动实施灭火，使整个保护区域所有喷头同时喷洒细水雾灭火。系统工作原理图见图3-1和图3-2。

1. 自动控制

在自动状态下，当防护区内的第一路探测器探测到火灾信号后，启动设在该防护区域内的声光报警器，同一防护区内的第二路探测器探测到火灾信号后，打开分区控制阀，点亮喷洒指示灯，稳压泵不能维持，泵组进入自动启动流程，整个防护区域内所有喷头喷洒细水雾灭火，并将状态信号反馈至消防控制中心。

2. 手动控制

当现场有人发现火情时，按下相应防护区的紧急启停按钮，手动报警信号发送到消防控制室后，由火灾报警控制器（灭火控制盘）依次打开对应的分区控制阀和消防泵，点亮喷洒指示灯，稳压泵不能维持，泵组进入自动启动流程，整个防护区域内所有喷头喷洒细水雾灭火，同时将状态信号反馈至消防控制中心。同时，也可按下相应防护区的分区控制阀箱内的电气按钮，打开分区控制阀，管网压力随之下降，泵组进入启动流程，相应防护区域内所有喷头喷洒细水雾灭火，并将状态信号反馈至消防控制中心。

3. 机械应急控制

当自动和手动启动方式失效时，现场人员可以通过机械应急扳手打开相应分区控制阀，管网压力随之下降，泵组进入自动启动流程，相应防护区域内所有喷头喷洒细水雾灭火，同时将状态信号反馈至消防控制中心。

3.3 系统性能测试

3.3.1 喷头试验

选三种系数 K 为 1.0、1.7、2.0 的喷嘴进行测试，共进行 5 次试验。

1. 试验设备

试验所需设备如表 3-3 所示。

表 3-3 试验设备一览表

序号	名　　称	型　　号	检测设备精度
1	温湿度表	WS-A1	±1 ℃
2	压力表	0～25 MPa	1.6 级
3	皮尺		100 m
4	无纸记录仪	XSR70-12	8 通道
5	激光粒度分析仪	DP-02	
6	风速仪	GB8901	0.1 m/s
7	氧浓度分析表		0.1%
8	笔记本式计算机		
9	测试机架		

激光粒度分析仪见图 3-8，试验数据记录见图 3-9。

2. 试验环境

（1）试验环境温度：5～35 ℃。

（2）环境湿度：≤95%。
（3）水质要求：符合 GB 5749 的要求。

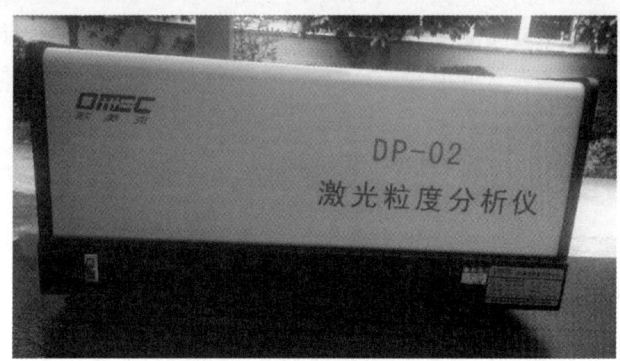

图 3-8　激光粒度分析仪

图 3-9　试验数据记录

3. 试验前期准备工作

（1）完成试验样机的装配工作。
（2）完成雾粒测试仪的调试工作。

4. 试验步骤

试验压力为 8 MPa，试验介质为清水。

将喷头安装在试验测试平台管网上，确定细水雾喷头下 1 m 处雾锥的直径，如图 3-10 中标示的 24 个测量点处，在喷头最小工作压力下采用雾粒测试仪测量雾滴直径，测量位置垂直于细水雾喷头的中心轴线并位于喷头下 1 m 的平面内，如图 3-11 和图 3-12 所示。

3.3 系统性能测试

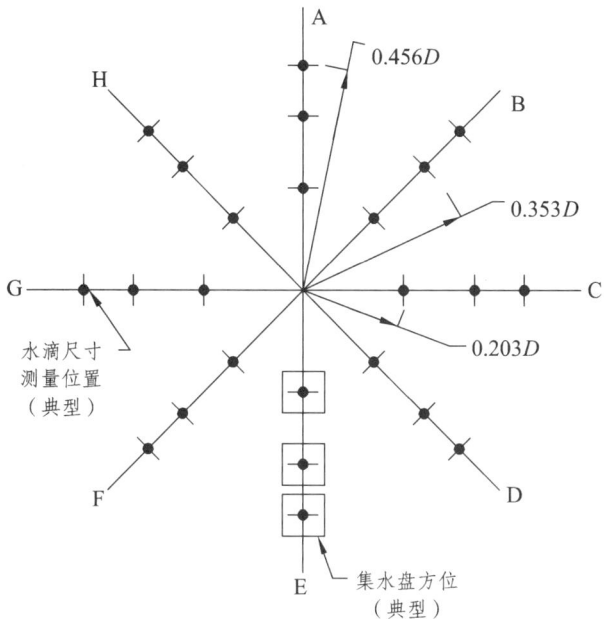

图 3-10 测点位置示意

图 3-11 喷嘴测试

图 3-12 地面水渍

5. 试验数据

在不同的 K 系数下,试验测试的数据如表 3-4 所示。

表 3-4 试验数据

序号	试验压力/MPa	实测流量/（L/min）
K=1.0		
1	10.12	10.30
2	10.38	10.20
3	10.10	10.20
试验结论	试验数据合格	
K=1.7		
1	10.24	17.40
2	10	17.34
3	10.10	17.20
试验结论	试验数据合格	

3.3.2 局部应用空间的灭火性能测试

本试验是在局部应用灭火实验室内进行的,试验需要的设备及器材如表 3-5 所示。

表 3-5 设备及器材一览表

序号	名 称	量程	数量	确认状态
1	泵组灭火系统		1 台	完好
2	无纸记录仪		1 件	完好
3	压力传感器	0～20 MPa	4 套	有效
4	高压软管卷盘		1 套	完好
5	喷雾火产生装置		1 套	完好
6	油盘		1 个	有效
7	氧浓度测量仪		1 套	有效
8	桌椅		1 套	完好
9	脚手架		若干	

1. 试验环境

试验空间的体积不小于 500 m³，高度不小于 5 m，通风面积不小于 2 m²。系数 K 为 1.0 的喷头，安装高度为 3 m；系数 K 为 1.7 的喷头，安装高度为 5 m。

2. 试验前期准备工作

准备 1 m×1 m×0.1 m 的正方形油盘；将 4 只细水雾喷头安装在油盘正上方。K=1.0 的喷头：安装间距 3.0 m×3.0 m，安装高度为 3.0 m；K=1.7 的喷头：安装间距 4.0 m×4.0 m，安装高度为 4.0 m。细水雾喷头的最低工作压力为 10 MPa；试验空间氧浓度测量点安装在距离油盘边缘正上方 2~3 m 处。

油盘的布置如图 3-13 所示。

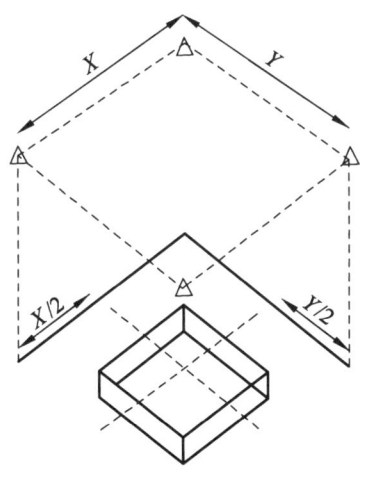

图 3-13 油盘布置

3. 试验步骤

油盘底部垫水，加入 0 号柴油，油层高度不小于 10 mm，液面距油盘上沿 50 mm。然后开启氧浓度分析表，点燃油盘，使其充分燃烧，满盘火燃烧 30 s 后，启动装置进行灭火。图 3-14 为开启高压细水雾灭火装置后的灭火场景。

4. 试验数据

局部应用空间试验数据如表 3-6 所示。

图 3-14 灭火过程

表 3-6 局部应用空间试验数据

序号	试验压力/MPa	实测灭火时间/min
$K=1.0$		
1	10.21	3.50
2	10.07	3.43
3	10.12	3.47
试验结论	试验数据合格	
$K=1.7$		
1	10.42	3.16
2	10.21	3.46
3	10.36	3.32
试验结论	试验数据合格	

3.3.3 全淹没封闭空间灭火性能测试

1. 试验环境

试验空间为 9 m×9 m×6 m。

2. 试验前期准备工作

将 4 只细水雾喷头按要求布置在试验空间的顶部。$K=1.0$ 的喷头：安装间距 3.0 m × 3.0 m，安装高度为 3.0 m；$K=1.7$ 的喷头：安装间距 4.0 m × 4.0 m，安装高度为 4.0 m。细水雾喷头的最低工作压力为 10 MPa；试验空间氧浓度测量点安装在距离油盘边缘正上方 2~3 m 处；喷头的布置与局部应用空间灭火相似。

3. 试验数据

全淹没封闭空间试验数据如表 3-7 所示。

表 3-7 全淹没封闭空间试验数据

序号	试验压力/MPa	实测灭火时间/min
	$K=1.0$	
1	10.10	3.10
2	10.15	3.05
3	10.12	3.02
试验结论	试验数据合格	
	$K=1.7$	
1	10.18	3.15
2	10.14	3.30
3	10.10	3.50
试验结论	试验数据合格	

3.4 本章小结

本章针对现有细水雾装置控火、灭火效果受风力等环境气候条件影响较大的问题，研制了专用于城市交通隧道的高压细水雾灭火系统。该系统由细水雾灭火装置、细水雾添加剂自动注入装置整合而成，可根据系统设计流量自动按比例添加及混合细水雾添加剂，增加细水雾的抑制、控制及灭火能力。通过喷头性能测试、局部应用灭火性能测试、全淹没灭火性能测试证明系统具有良好的控火、灭火效果。

第4章 城市交通隧道高压细水雾消火栓系统的研制

4.1 概述

高压细水雾消火栓灭火系统是利用建筑室内消火栓灭火系统的概念，以水为介质，在发生火灾时由人工操作向保护对象喷射高压细水雾进行灭火、降温、降烟的新型灭火系统。消火栓灭火系统工作压力在 8~12 MPa，通过人工干预以喷射细水雾的形式对防火区域进行灭火保护，具有灭火种类多、灭火效率高、降温降烟效果好、操作方便、水渍损失小、安全环保节能等特点。

作为一种建立在高压细水雾和室内消火栓基础上的消防技术，高压细水雾消火栓技术经过多年的应用和发展，逐渐趋于完善。有别于传统室内消火栓系统，高压细水雾消火栓系统具备鲜明的技术特色：实践证明，高压细水雾消火栓具备较好的可操作性。出水量为 60 L/min 的高压细水雾组合喷枪，单人即可操作。同时，由于高压细水雾组合喷枪的连接管为高压软管，可以一边展开高压软管，一边行进喷雾灭火，不受空间限制，灵活性较强，实战意义明显。高压细水雾消火栓系统所采用的高压细水雾组合喷枪具备远、近程喷雾转换功能。近程喷雾时，喷雾面积较大，可以起到阻隔辐射热、洗涤净化火场烟尘、降低火场温度的作用，便于使用者开辟救援通道，快速抵近火源；远程喷雾时，便于使用者对准火源喷雾灭火。对于有人值守的场所，由于高压细水雾消火栓具备较好的可操作性，为快速扑救初期火灾创造了极其有利的条件。高压细水雾消火栓系统供水采用容积式水泵，扬程远高于普通离心式水泵，利于远距离输送。高压细水雾消火栓系统在节材、节水、节地等方面具备显著优势。

吴国华等人研究了高压细水雾消火栓灭火系统在铁路特长隧道消防中的应用，通过现场试验发现细水雾灭火剂的用水量只有普通消防用水量的 5%，和二氧化碳、烟烙尽等其他气体灭火剂相比更安全，且研制的细水雾喷枪可 6 只同时工作，单只喷枪耗水量为 36 L/min，灭火持续时间大于 30 min[23]；崔景立等人结合《高压细水雾消火栓系统技术规范》(DBJ41/T 162—2016)的架构与有关内容,表述高压细水雾消火栓系统介于高压细水雾灭火系统和室内消火栓系统之间,从灭火机理上,其属于高压细水雾灭火系统,从系统构成上,与室内消火栓系统类似[24]。

目前,高压细水雾消火栓系统已应用于铁路隧道救援站、文物古建筑等场所,但在城市交通隧道中暂未有相关应用。本章将针对现有细水雾枪性能单一,现有城市交通隧道消火栓用水量大、操作不易等现状,研制多功能高压细水雾灭火装置,实现不同喷雾强度与喷雾粒径的整合与分布优化,研发适用于城市交通隧道的高压细水雾消火栓系统,并通过试验验证高压细水雾消火栓系统对扑救城市隧道火灾的可行性。

4.2 高压细水雾消火栓系统

4.2.1 高压细水雾消火栓系统的工作原理

通常,在准工作状况下,高压喷雾消火栓箱从供水高压泵组出口至多功能喷雾枪的管网内无任何压力。高压水源由供水设备工作主泵为高压喷雾消火栓箱持续供水。

高压细水雾消火栓箱内置声光报警器按钮。打开箱门,触动报警器按钮,声光报警器将发出报警信号,提示出现火警及周边人员撤离到安全区域;同时,高压消火栓箱内置触发开关,打开箱门,向控制中心提供报警信息,由控制中心人员确认火灾信息后,开启供水系统泵组,泵组运行工作并为高压细水雾消火栓装置提供高压水源。

当高压细水雾消火栓灭火系统灭火控制范围内发生火灾时,灭火人员可打开高压细水雾消火栓箱门,取出多功能喷雾灭火枪。通过多功能喷雾灭火枪带动高压水管及卷盘到达扑火安全范围内,扣动多功能喷雾灭火枪扳机,高压水雾即可喷出。火灾扑灭后,可松开多功能喷雾灭火枪扳机,水雾将自动切断。

当声光报警器发出火灾报警信号,经灭火人员确认火灾信息后,也可由控制室内人员通过人为方式启动电气控制柜上的机械应急按钮,立刻启动高压泵组,由高压泵组为多功能喷雾枪提供高压水源,再扣动多功能喷雾枪扳机进行灭火。

火灾扑灭后,松开多功能喷雾灭火扳机,水雾将自动切断。高压水源将由回流管流回水箱，不会对其他设备造成影响；然后再由人员通过电气控制柜关闭高压泵组工作，灭火工作结束。高压细水雾消火栓装置工作原理见图4-1。

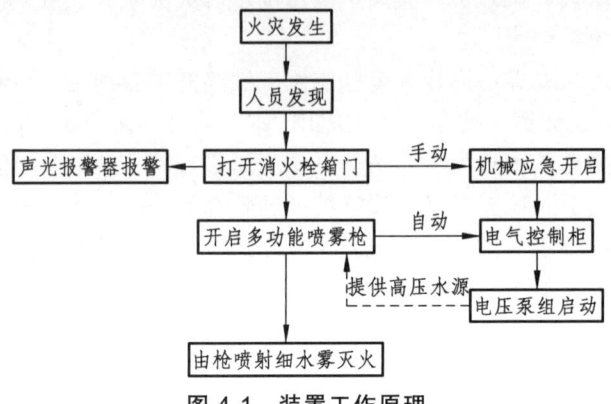

图 4-1　装置工作原理

4.2.2　系统设计与样机制备

高压细水雾消火栓系统由高压细水雾泵组和细水雾消火栓箱等组成。泵组在第3章已详细阐述，本章不做介绍。对于细水雾消火栓箱的制备，首先利用SolidWorks进行结构设计，然后进行样品加工、试验测试，根据测试分析数据再反馈设计参数，加工完成品后再测试，直到达到预期目标。高压细水雾消火栓箱见图4-2，细水雾喷枪见图4-3。

图 4-2　高压细水雾消火栓箱

图 4-3　细水雾喷枪

4.2.3 细水雾消火栓箱的主要部件及性能参数

消火栓箱装置示意见图 4-4。

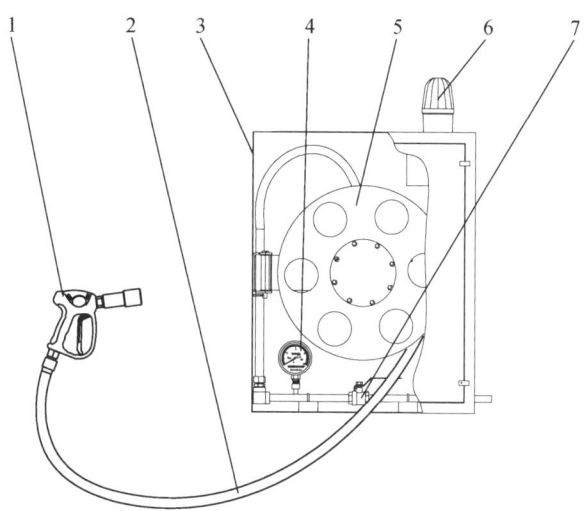

1—多功能喷雾灭火枪；2—高压软管；3—箱体；4—压力表；5—高压软管卷盘；
6—声光报警器；7—高压球阀。

图 4-4 细水雾消火栓箱结构示意

1. 多功能喷雾灭火枪

多功能喷雾灭火枪具有灭火效率高，耗水量小，操作灵活，安装、维护简便等特点。当控制区域发生火情时，灭火人员从高压消火栓箱内取出多功能喷雾灭火枪，在枪控制的安全范围内，扣动枪体扳机，即可灭火。

多功能喷雾灭火枪可根据火灾情况，转动雾形调整位置，可无级调整水雾雾形角及水喷射距离。顺时针转动，雾形角变小；逆时针转动，雾形角变大。雾形角和水喷射距离的关系为：雾形角越小，水喷射距离越远；雾形角越大，水喷射距离越近；水喷射距离有效范围为 5~15 m；雾形角有效范围为 30°~145°。

2. 高压软管卷盘

高压软管卷盘是高压消火栓箱的主要部件之一，是回收高压软管，连接多功能喷雾枪的重要部件。卷盘结构简单、转动灵活，同时具有质量小、耐压高、维护简单等特点。一般情况下，高压软管卷盘、高压软管和多功能喷雾灭火枪相连，放置在高压消火栓箱内。当发生火灾时，灭火人员开启高压消火栓箱，取出多功能喷雾灭火枪,枪体连接的高压软管即可带动高压软管卷盘动作。单人操作即可实现卷盘转动,并进行移动灭火。

3. 高压细水雾消火栓箱的性能参数

高压细水雾消火栓箱具有以下特点:

(1)高压细水雾消火栓箱采用的细水雾灭火枪具有灭火效率高、耗水量少、高效除烟、有效防止火灾复燃、不污染环境、水渍损失小等特点。

(2)高压细水雾消火栓箱采用的细水雾灭火枪后坐力小,一人即可实施灭火,在脱手或其他意外发生时,灭火枪可迅速断水,停止喷射。

(3)高压细水雾消火栓箱卷盘转动灵活,保护范围大。

(4)整体设备安装、维护、操作简便可靠。

高压细水雾消火栓箱性能参数见表4-1。

表4-1 高压细水雾消火栓箱性能参数

项 目	参数值
额定工作压力	12 MPa
额定工作流量	60 L/min
工作温度	4~50 ℃
射程	≥15 m
枪体质量	≤3 kg
灭火剂类型	水(符合GB 5749)
软管长度	≤50 m
软管内径	15 mm

4.3 高压细水雾消火栓系统性能测试

4.3.1 多功能高压水雾灭火装置喷射距离测试

1. 试验方法

1)有效射程

环境风速不应大于0.5 m/s,将防水风速仪旋转在灭火枪枪口正上方射流中心线上,沿射流中心线移动防水风速仪至风速 2 m/s;将灭火枪置于喷射架上,水平顺风向放置;启动灭火装置,逐渐启泵加压,使灭火枪在额定工作流量和额定工作压力下工作;测量枪口中心至风速仪之间的垂直投影点之间的水平距离。

2)有效射高

环境风速不应大于 0.5 m/s,将防水风速仪旋转在灭火枪枪口正上方射流中心线上,沿射流中心线移动防水风速仪至风速 2 m/s;将灭火枪置于射架上,垂直向上;启动灭火装置,使灭火枪在额定工作流量和额定工作压下工作;测量枪口中心至风速仪之间的垂直距离。

2. 试验结果

采用细水雾喷头测试,细水雾喷头可以实现水雾雾滴直径 200~350 μm 的等级,喷雾距离为 6~8 m,高度 6 m,有效距离 6 m,如图 4-5 所示。

图 4-5 细水雾喷头测试试验

优化喷头测试,采用内置流道喷头,可以实现有效喷射距离 12 m,有效喷射高度 12 m,如图 4-6 所示。

图 4-6 采用内置流道喷头优化后测试试验

优化喷头测试，采用多级细水雾流道设计，可以实现有效喷射距离 15 m，有效喷射高度 12 m，如图 4-7 所示。

图 4-7 采用多级细水雾流道设计优化喷头后测试试验

4.3.2 水雾形态测试

实际喷射试验如图 4-8 所示。结果表明：通过试验细水雾消火栓系统，研发的高压喷雾灭火枪能够实现高压喷雾和广角喷雾的雾性切换。

图 4-8 喷雾枪高压喷雾形态

4.3.3 后坐力及压力测试

1. 后坐力测试

试验人员持枪（未开启）站在电子秤上称量重量，然后将多功能喷雾灭火枪设定在直流喷雾挡位，在额定 10 MPa 工作压力下，消防枪垂直向上喷射时，

4.3 高压细水雾消火栓系统性能测试

读取电子秤的数值,此数值与持枪站在电子秤上非喷雾状态时的数值差即为后坐力,测试示数为117 N,试验图片见图4-9。

图4-9 后坐力测试试验

2. 压力损失试验

喷雾试验时分别采用50 m、100 m、200 m高压软管,将压力表设置在离消防枪进口位置1 m以内的适当处,将消火栓系统工作压力设置为额定工作压力,读取枪口附近压力表的数值,系统工作压力与枪口附近压力表数值差即为沿程压力损失,试验结果如表4-2所示,沿程压力损失拟合曲线见图4-10。

表4-2 管路沿程压力损失测试

高压软管长度/m	喷射状态	射流系统工作压力/MPa	末端压力/MPa	压力损失/MPa	备 注
50	直流喷雾	10	9.9	0.1	消防泵设定转速1 450 r/min,直流喷雾状态,系统压力10 MPa
50	广角喷雾	9.2	8.9	0.3	
100	直流喷雾	10	9.7	0.4	
100	广角喷雾	9.2	8.55	0.65	
200	直流喷雾	10	9.1	0.9	
200	广角喷雾	9.2	7.95	1.25	

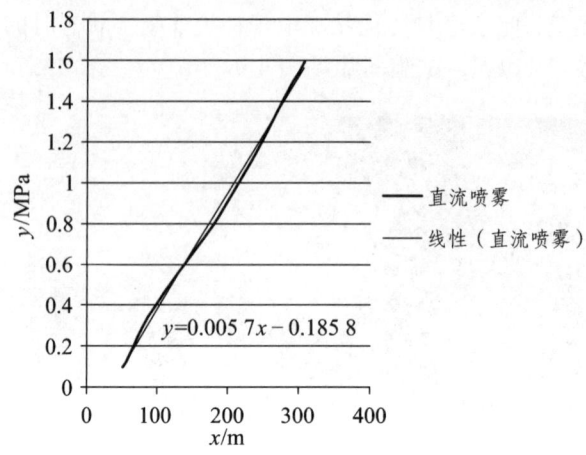

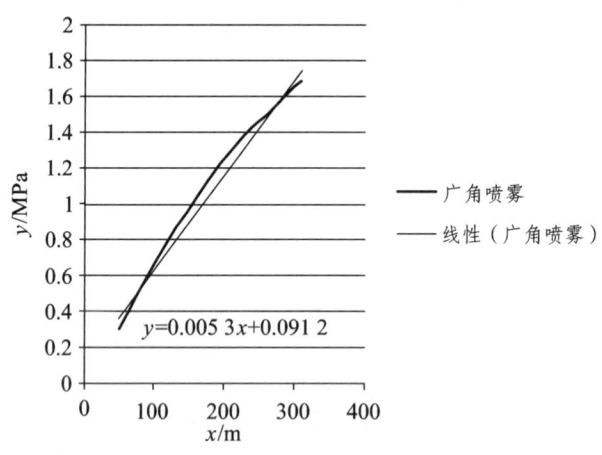

图 4-10 沿程压力损失拟合曲线

4.3.4 雾滴直径测试

1. 测试方法及模型

雾滴直径试验宜在实验室内进行。当不具备室内试验条件时，可在室外进行，且环境风速不应大于 0.5 m/s。试验模型如图 4-11 所示，多功能喷雾灭火枪应固定在支架上，枪口距地面高度为 1 m，枪口与雾滴直径测试仪光学镜头的水平距离为 5 m。雾滴直径测试仪的光学探头中心位置距地面高度为 1 m。启动消火栓灭火系统，使之工作在额定流量和压力下并稳定后开始测试。

4.3 高压细水雾消火栓系统性能测试

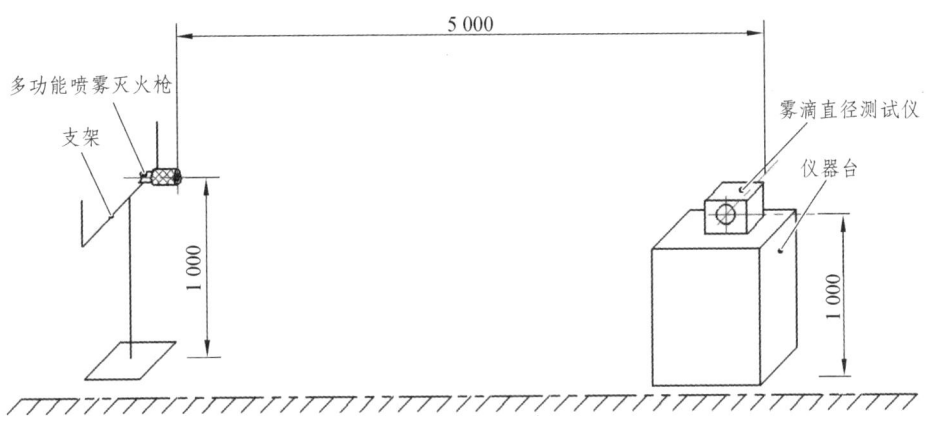

图 4-11 雾滴直径试验模型（单位：mm）

2. 主要计量标准器具和试验设备

主要计量标准器具和试验设备见表 4-3。

表 4-3 主要计量标准器具及实验设备

序号	名　称	型　号	检测设备精度	备　注
1	温湿度表	WS-A1	±1 °C	
2	压力表（0~25 MPa）		1.6 级	
3	皮尺	100 m		
4	无纸记录仪	XSR70-12	8 通道	
5	激光粒度分析仪	DP-02		
6	计算机			
7	试验设备平台			

3. 测试结果

直流喷雾雾滴直径分布情况和广角喷雾雾滴直径分布情况分别见图 4-12 和图 4-13，两者粒度分布具体见表 4-4。测试表明，细水雾消火栓系统高压喷雾枪的雾滴直径可以满足研究设计要求。

粒度特征参数

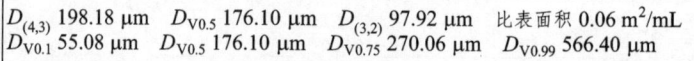
$D_{(4,3)}$ 198.18 μm $D_{V0.5}$ 176.10 μm $D_{(3,2)}$ 97.92 μm 比表面积 0.06 m²/mL
$D_{V0.1}$ 55.08 μm $D_{V0.5}$ 176.10 μm $D_{V0.75}$ 270.06 μm $D_{V0.99}$ 566.40 μm

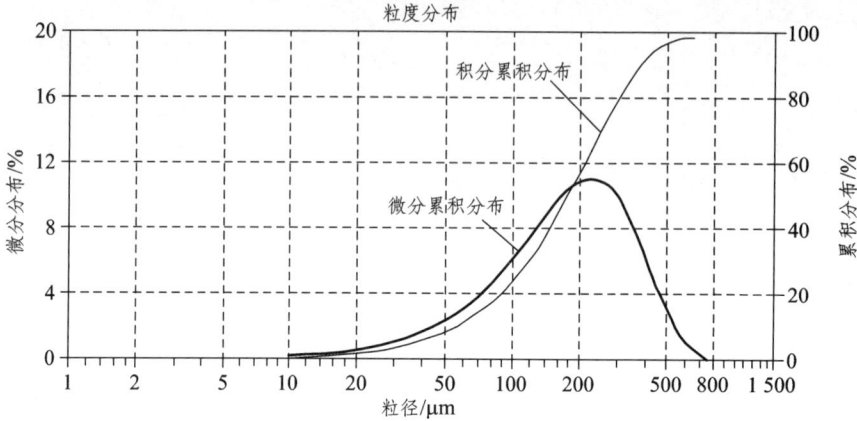

粒径/μm	微分/%	累积/%	粒径/μm	微分/%	累积/%	粒径/μm	微分/%	累积/%
1.00			12.15	0.23	0.91	147.58	8.30	40.58
1.20	0.01	0.02	14.52	0.30	1.21	176.40	9.52	50.10
1.43	0.01	0.03	17.36	0.40	1.61	210.85	10.37	60.47
1.71	0.01	0.04	20.75	0.53	2.14	252.02	10.57	71.04
2.04	0.01	0.05	24.80	0.71	2.85	301.23	9.85	80.89
2.44	0.02	0.07	29.64	0.94	3.79	360.05	8.14	89.03
2.92	0.02	0.09	35.43	1.24	5.02	430.36	5.74	94.77
3.49	0.03	0.12	42.34	1.62	6.65	514.40	3.29	98.05
4.17	0.04	0.16	50.61	2.13	8.78	614.84	1.43	99.48
4.98	0.05	0.21	60.49	2.77	11.54	734.90	0.43	99.91
5.95	0.07	0.29	72.31	3.57	15.11	878.40	0.08	99.99
7.11	0.10	0.38	86.43	4.54	19.64	1 049.93	0.01	100.00
8.50	0.13	0.51	103.30	5.68	25.32	1 254.95	0.00	100.00
10.16	0.17	0.68	123.47	6.96	32.28	1 500.00	0.00	100.00

图 4-12 直流喷雾雾滴直径分布情况

在直流喷雾模式下，喷雾枪 $D_{V0.99}$ 为 566.40 μm，$D_{V0.75}$ 为 270.06 μm，$D_{V0.5}$ 为 176.10 μm；其微分百分比雾滴直径为 210~252 μm 时最大，210.85 μm 微分百分比为 10.37%，252.02 μm 微分百分比为 10.57%。在此种雾滴直径分布下，430 μm 以上的雾滴直径占比为 5.33%，210~430 μm 的雾滴直径占比为 34.3%，210 μm 以下的雾滴直径占比为 60.47%。其雾滴分布较为宽泛，对于扑救 A 类火灾，同时具有大颗粒穿透浸润和小颗粒蒸发、局部窒息和迅速带走热量、隔绝热辐射的效果,对 A 类火灾的灭火效果较为理想,同时也具备扑救 B 类火灾的能力。

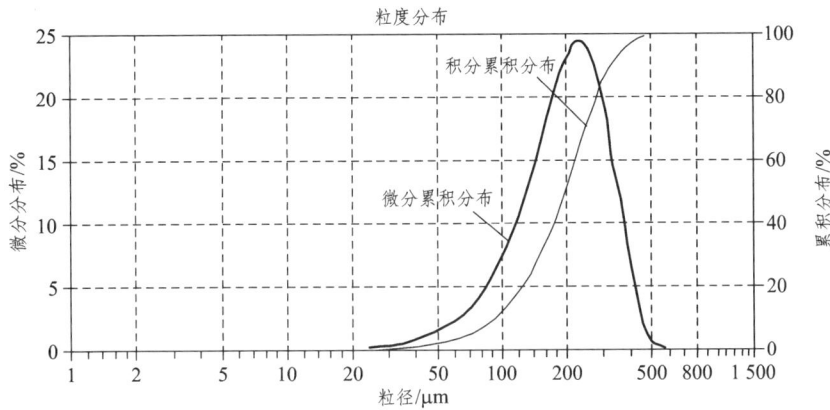

粒径/μm	微分/%	累积/%	粒径/μm	微分/%	累积/%	粒径/μm	微分/%	累积/%
1.00			12.15	0.03	0.08	147.58	9.20	29.41
1.20	0.00	0.00	14.52	0.04	0.12	176.40	12.15	41.57
1.43	0.00	0.00	17.36	0.07	0.19	210.85	14.77	56.34
1.71	0.00	0.00	20.75	0.10	0.30	252.02	15.81	72.15
2.04	0.00	0.00	24.80	0.16	0.46	301.23	13.93	86.08
2.44	0.00	0.00	29.64	0.25	0.70	360.05	9.15	95.22
2.92	0.00	0.00	35.43	0.38	1.08	430.36	3.86	99.08
3.49	0.00	0.00	42.34	0.58	1.66	514.40	0.85	99.93
4.17	0.00	0.01	50.61	0.89	2.55	614.84	0.07	100.00
4.98	0.00	0.01	60.49	1.36	3.91	734.90	0.00	100.00
5.95	0.01	0.01	72.31	2.06	5.97	878.40	0.00	100.00
7.11	0.01	0.02	86.43	3.09	9.06	1 049.93	0.00	100.00
8.50	0.01	0.03	103.30	4.56	13.62	1 254.95	0.00	100.00
10.16	0.02	0.05	123.47	6.59	20.22	1 500.00	0.00	100.00

图 4-13 广角喷雾雾滴直径分布情况

表 4-4 喷雾粒径分布

雾形类型	距离/m	额定工作压力/MPa	喷雾粒度 $D_{V0.5}$/μm	喷雾粒度 $D_{V0.99}$/μm
直流喷雾	10	10	176.1	566.4
广角喷雾	5	10	195.9	427.1

在广角喷雾模式下,喷雾枪 $D_{V0.99}$ 为 427.13 μm, $D_{V0.75}$ 为 260.58 μm, $D_{V0.5}$ 为

195.90 μm；其微分百分比雾滴直径为 210～301 μm 时最大，210 μm 微分百分比为 14.77%，301 μm 微分百分比为 13.93%。在此种雾滴直径分布下，430 μm 以上的雾滴直径占比为 0.98%，210～430 μm 的雾滴直径占比为 44%，210 μm 以下的雾滴直径占比为 56%。其雾滴分布较为狭窄，具有更好的雾滴颗粒均匀性，对于扑救 B 类火灾，具有更好的局部窒息和迅速带走热量、隔绝热辐射的效果，对 B 类火灾的灭火效果较为理想，同时也具备扑救 A 类火灾的能力，满足研究设置的要求。

4.3.5 灭火性能试验

1. A 类火灾灭火性能试验

灭火试验在室外进行，环境风速不大于 2 m/s。火源采用木垛，木条应经过干燥处理，使其含水率保持在 10%～14%（干燥时温度不应高于 105 ℃）。木材的密度在含水率 12% 时，应为 0.45～0.55 g/cm³。木条的横截面为正方形，边长为 39 mm ± 1 mm，长度尺寸偏差为 ± 10 mm。试验模型由整齐堆放在金属支架上的木条和正方形金属制的引燃盘构成，支架高为 400 mm ± 10 mm。木条分层堆放，上下层木条成直角堆放，每层中的木条应间隔均匀。试验模型为正方体木垛，其边长等于木条的长度，木垛的边缘木条应固定在一起，以防止试验时被灭火剂冲散，用车用汽油引燃模型。试验模型具体尺寸和堆放方式见表 4-5 和图 4-14。

表 4-5 试验模型尺寸

级别代号	木条数量/根	木条长度/mm	木条排列	引燃盘尺寸/mm	引燃油盘/L
4A	180	800	20 层，每层 9 根	700×700×100	3.4

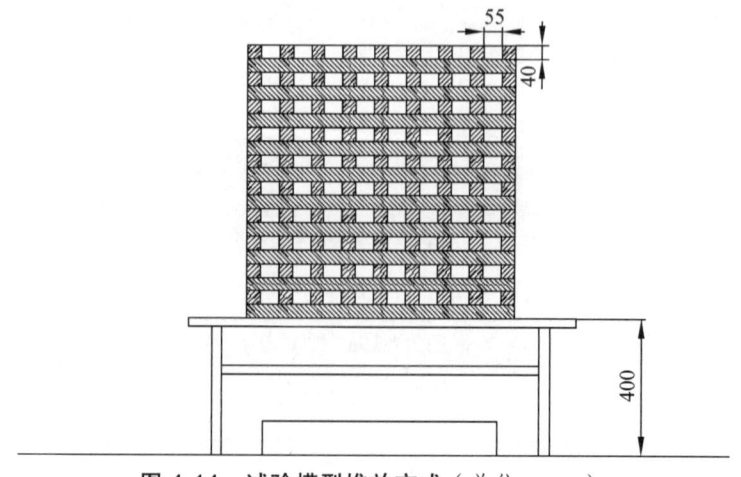

图 4-14 试验模型堆放方式（单位：mm）

试验步骤如下：

（1）在引燃盘先倒入 30 mm 清水，再加入规定量的汽油。

（2）将引燃盘放在木垛正下方。

（3）点燃汽油，当汽油燃尽后，可将引燃盘从木垛下抽出，让木垛自由燃烧。

（4）当木垛燃烧 2 min（初起火灾）或燃烧至原来质量的 53%~57%时（发展阶段/深位火灾），则预燃结束。

（5）木垛预燃烧时的质量损失可以直接测定或采用被证明可以提供相当一致结果的其他方法测定。

（6）预燃结束后即开始灭火，灭火应从木垛正面，距木垛不小于 1.8 m 处开始喷射。

（7）接近木垛，并向顶部、底部、侧面等喷射，但不能在木垛的背面喷射。

（8）灭火时应使灭火装置保持最大开启状态并连续喷射，操作者和灭火装置的任何部位不应触及模型。

（9）火焰熄灭后 10 min 内没有可见的火焰，其中初起火灾在引燃油盘撤出后即开始灭火，不需要预燃。

试验模型燃烧及扑灭见图 4-15。

图 4-15　试验模型燃烧及扑灭

分析地面 4A 初起阶段火灾灭火试验图 4-16 可知，在同一灭火模型条件下，使用含灭火剂水雾灭火要比使用清水水雾灭火时间节约 140 s，总用水量也减少 56.9 L。分析地面 4A 发展阶段火灾（深位火灾）灭火试验图 4-17，与图 4-16

对比,同样的灭火装置,用水量和灭火时间都有所延长。同时,增加了清水水柱灭火试验,从灭火数据可以看出,含灭火剂水雾的灭火能力最好,清水水雾次之,最差的是清水水柱。

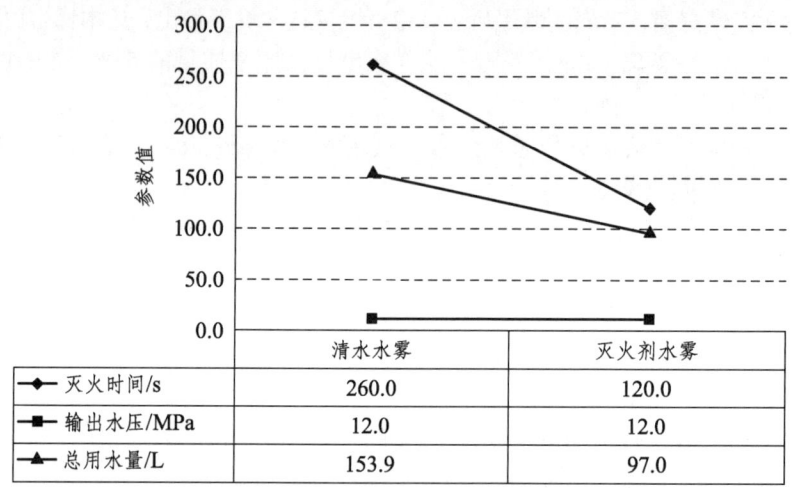

图 4-16 地面 4A 初起阶段火灾灭火试验

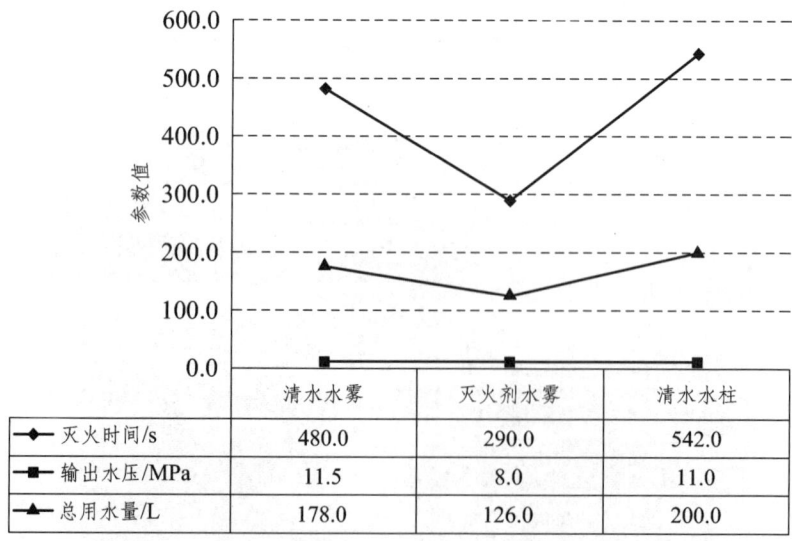

图 4-17 地面 4A 发展阶段火灾(深位火灾)灭火试验

2. B 类火灾灭火性能试验

1)试验模型

试验采用 144B 油盘试验模型,试验模型参照国家标准《手提式灭火器 第 1

部分：性能和结构要求》（GB 4351.1—2005）中 7.3.1 条的试验模型，见表 4-6。

表 4-6　试验模型具体尺寸参数

级别代号	液体体积 1/3 水，2/3 燃料	油盘尺寸			
		边沿内径	内部深度	最小壁厚	近似面积
144B	144 L	(2 400±25) mm	(200±15) mm	2.5 mm	4.52 m^2

2）试验步骤

（1）点燃汽油，预燃 60 s。

（2）预燃结束后即开始灭火，在灭火过程中，可以连续喷射或间断喷射，但是操作者不得踏上或者踏入油盘进行灭火。

（3）火灾模型无明火时计时结束，记录灭火时间。

3）试验结果

高压细水雾消火栓系统扑灭 B 类火图片见图 4-18，高压细水雾消火栓系统灭火参数见表 4-7。

图 4-18　高压细水雾消火栓系统扑灭 B 类火

表 4-7　试验结果

灭火系统	灭火时间	用水量
高压细水雾消火栓系统	35 s	35 L

上述对 A 类和 B 类火灾灭火试验测试验证了高压细水雾消火栓系统的灭火能力，高压细水雾消火栓系统能够对 A 类火灾和 B 类初起火灾具有较强的灭火能力。

4.4 本章小结

本章针对现有细水雾灭火枪性能单一、现有城市交通隧道消火栓用水量大等现状,研制了多功能高压水雾灭火装置,可根据火灾情况实现无级调整水雾雾形及水喷射距离,其射程不低于 15 m;雾滴直径 $D_{v0.9}$ 在 100~800 μm 时可实现不同喷雾强度与喷雾粒径的整合与分布优化。此外,以多功能高压水雾灭火装置结合高压细水雾泵组研发了适用于城市交通隧道的高压细水雾消火栓系统,通过火灾试验证实高压细水雾消火栓系统可用于扑救 A 类和 B 类火灾,该系统设计用水量为 60 L/min,用于城市交通隧道时比《建筑设计防火规范》(GB 50016—2014)规定的消火栓流量 10 L/s,用水量减少 90%。

第 5 章
城市交通隧道细水雾灭火系统实体火灾试验研究

5.1 概　述

前期研究表明，高压细水雾灭火系统或低压细水雾灭火系统在公路隧道中应用于抑制或控制火灾已无多大问题，但国内对城市交通隧道细水雾灭火技术的研究及应用还较少，尤其是高压细水雾灭火系统的全尺寸试验研究几乎没有。此外，隧道细水雾灭火系统与其他灭火设施和药剂，如高压细水雾消火栓系统、细水雾添加剂的协同作用也未有相关研究。

本章针对细水雾灭火系统控火、灭火有效性的若干影响因素设计了一系列灭火试验，为了对细水雾灭火系统抑制隧道火灾发展和蔓延的有效性及其对人员疏散和逃生环境影响做深入研究，主要研究细水雾灭火系统对隧道火灾发展规律的影响、细水雾灭火系统启动后对人员逃生环境的影响、细水雾添加剂对隧道火灾的作用效果、细水雾消火栓系统抑制隧道火灾的有效性及其与固定式细水雾灭火系统的协同作用效果。研究内容主要包括以下几个方面：

（1）研究细水雾灭火系统对不同工况火灾的抑制作用：对比分析细水雾灭火系统开启前后隧道环境前后温度场、烟雾场、火灾热释放速率等的变化特征，分析细水雾灭火系统的抑制火灾效果；

（2）研究细水雾灭火系统启动后对火源上下游人员疏散环境的影响：对比分析细水雾灭火系统启动前后试验隧道内温度、烟雾、热辐射、湿度等指标的变化情况，分析细水雾灭火系统启动后对火源上下游人员疏散环境的影响；

（3）研究添加剂对细水雾灭火系统抑制隧道火灾蔓延效果的影响：通过对比火灾试验，分析细水雾添加剂的作用原理及细水雾灭火系统抑制隧道火灾蔓延效果的影响；

（4）研究细水雾消火栓系统对不同工况火灾的抑制作用及其与固定式细水雾灭火系统的协同作用效果。

对比分析细水雾消火栓系统开启前后隧道环境前后温度场、烟雾场、火灾热释放速率等的变化特征，分析细水雾消火栓系统的抑制火灾效果，研究细水雾消火栓系统与固定式细水雾灭火系统共同作用对抑制隧道火灾蔓延的效果。

5.2 试验设计

5.2.1 试验工况

试验分为模拟火灾试验和实体火灾试验。模拟火灾设计规模为 3~5 MW，分别采用木垛和油池作为燃烧物；实体火灾，以小汽车作为主要燃烧物。根据 PIARC（世界道路协会）的研究，在人工控制的隧道内，火灾探测、报警所需时间为 2~5 min，美国《公路隧道、桥梁及其他限行公路标准》（NFPA 502—2017 附录 E.4.2）建议固定水基灭火系统（包括细水雾灭火系统）在发生火灾后 3 min 内启动以阻止火势增长。SOLIT2 项目的研究成果《安装了固定灭火系统的隧道综合评估工程应用指南 附录 7：用于评估固定式灭火系统的火灾试验和火灾场景》建议试验隧道风速为 1.5 m/s 和 3 m/s，且针对 A 类重载火灾的系统启动时间为 1 min，针对 B 类火灾的系统启动时间为 2 min。本研究考虑普通 A 类火灾和 B 类火灾，因此，试验灭火系统启动时间初步设定为点火后 2 min、5 min，试验风速初步设定为 0 m/s、1.5 m/s、3 m/s，试验工况见表 5-1。

表 5-1 高压细水雾灭火系统试验工况

试验工况	火灾功率/MW	火源类型	火源配置	喷头流量系数	风速/(m/s)	是否使用添加剂	灭火系统启动时间	试验内容
f-1	3	油盘火灾	1 只 1.5 m×1.5 m×0.2 m 的油盘，加入 25 L 0 号柴油	1.7	0	否	点火后 2 min	火灾类型、火源功率、隧道纵向风速、灭火系统启动时间对系统抑制火灾效果的影响
f-2	5	油盘火灾	1 只 1.5 m×1.5 m×0.2 m 的油盘+1 只 1.2 m×1.2 m×0.2 m 的油盘，每个油盘加入 25 L 0 号柴油	1.7	0	否	点火后 2 min	
f-3	3	木垛	标准 3 MW 木垛	1.7	0	否	点火后 5 min	

续表

试验工况	火灾功率/MW	火源类型	火源配置	喷头流量系数	风速/(m/s)	是否使用添加剂	灭火系统启动时间	试验内容
f-4	5	油盘火灾	1只1.5 m×1.5 m×0.2 m的油盘+1只1.2 m×1.2 m×0.2 m的油盘,每个油盘加入25 L 0号柴油	1.7	1.5	否	点火后2 min	火灾类型、火源功率、隧道纵向风速、灭火系统启动时间对系统抑制火灾效果的影响
f-5	5	油盘火灾	1只1.5 m×1.5 m×0.2 m的油盘+1只1.2 m×1.2 m×0.2 m的油盘,每个油盘加入25 L 0号柴油	1.7	3	否	点火后2 min	
f-6	3	油盘火灾	1只1.5 m×1.5 m×0.2 m的油盘,加入25 L 0号柴油	1.7	0	是	点火后2 min	
f-7	3	油盘火灾	1只1.5 m×1.5 m×0.2 m的油盘,加入25 L 0号柴油	1.7	1.5	是	点火后2 min	
f-8	3	油盘火灾	1只1.5 m×1.5 m×0.2 m的油盘,加入25 L 0号柴油	1.7	3	是	点火后2 min	
f-9	约3.8	油盘火灾	《手提式灭火器 第1部分:性能和结构要求》规定B类火试验模型中的55B	细水雾消火栓(60 L/min)	0	是(3%泡沫添加剂)	点火后1 min	
s-1	5~10	1辆小汽车	车内喷洒适量汽油	细水雾消火栓(60 L/min)	0	否	点火后1.5 min	

5.2.2 试验隧道

试验隧道长度为140 m,高度为5.05 m,宽度为5.90 m,隧道内设置一个火灾试验区间,长约为30 m,隧道横断面如图5-1所示,试验隧道示意见图5-2。

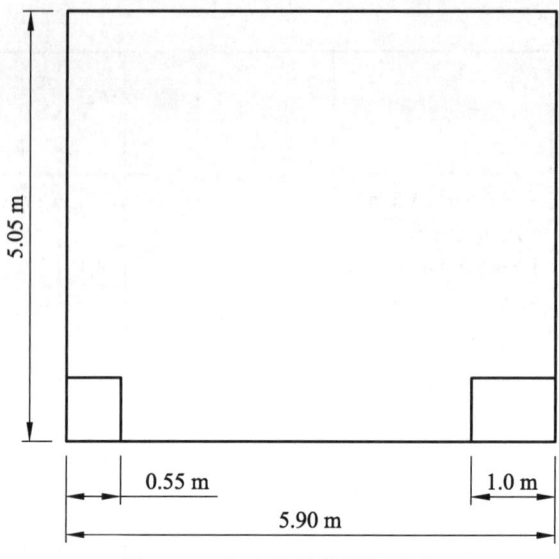

图 5-1 试验隧道横断面示意

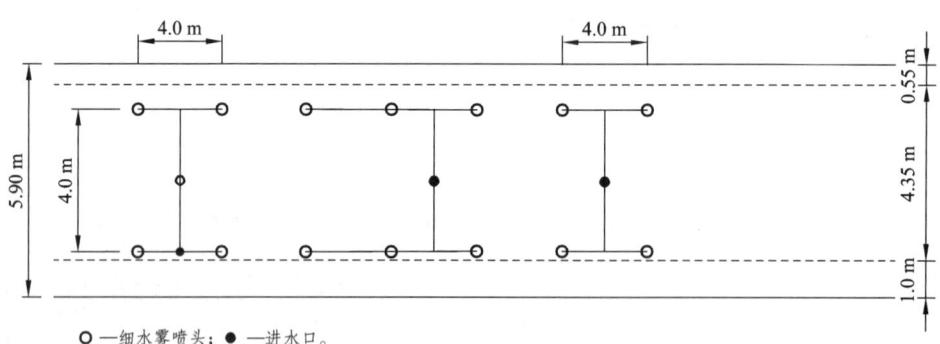

○—细水雾喷头；●—进水口。

图 5-2 试验隧道示意

5.2.3 试验设备系统

1. 灭火系统

试验使用的消防灭火系统主要分为细水雾灭火系统和细水雾消火栓系统，其中，细水雾灭火系统由消防水箱、细水雾泵组、细水雾管网、细水雾喷头等组成，细水雾消火栓系统由消防水箱、细水雾泵组、细水雾管网以及细水雾喷枪等组成。两套灭火系统共用一套给水设备，包括水箱及补水装置、试验泵组、添加剂注入装置、控制柜、流量计、压力表、管网等，主要是为细水雾喷头、细水雾消火栓喷枪进行灭火试验时提供水源以及调节供水流量、压力等参数,如图 5-3 所示。

图 5-3　试验用细水雾灭火系统

2. 通风系统

通风系统由送风机组成,可根据试验需求确定其安装位置,实现不同风速的纵向通风。

3. 测试系统及测试断面布置

测试系统主要对火灾试验中温度、风速、热辐射、热流、图像等参数进行采集和处理。测试系统主要由温度数据采集系统、风速采集系统、热辐射仪、视频监控系统等组成。具体测点布置如图 5-4～图 5-8 所示。

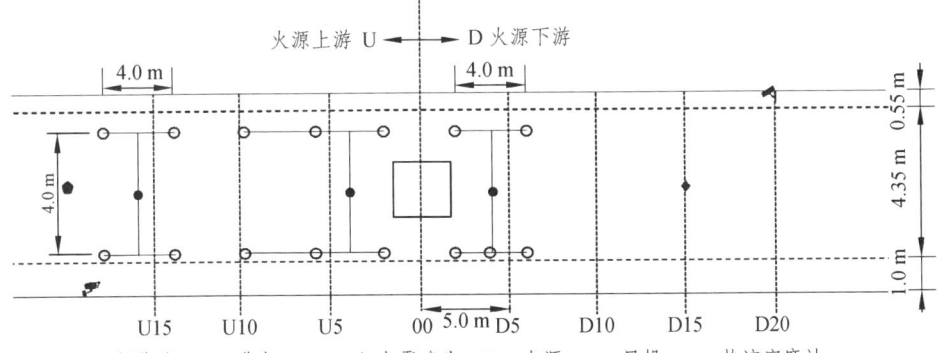

图 5-4　测试系统总体布置

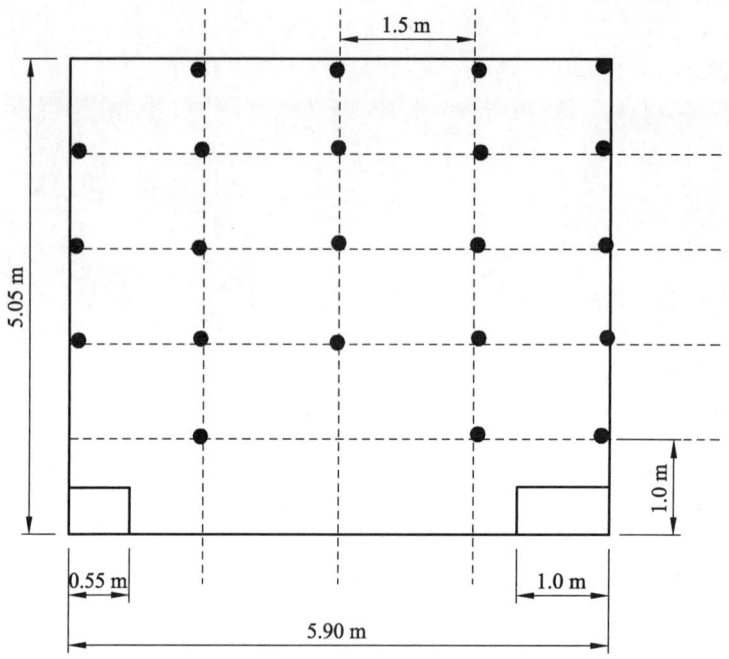

图 5-5　火源断面热电偶布置示意（00 断面）

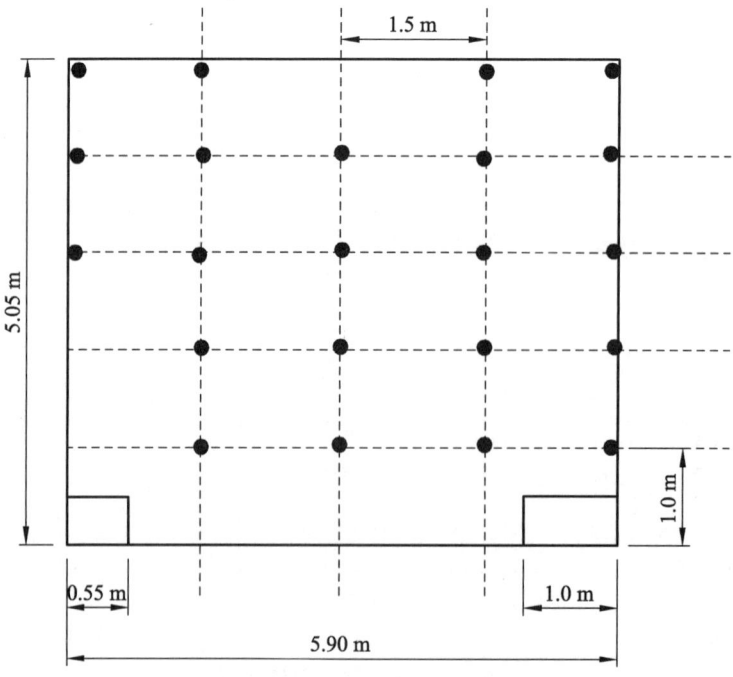

图 5-6　非火源断面热电偶布置示意（U10、D10 断面）

5.2 试验设计

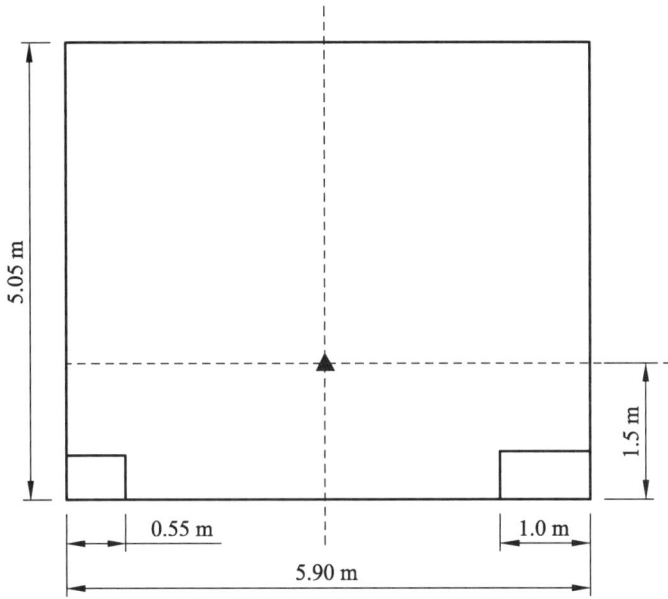

图 5-7　热流密度传感器布置示意（D20 断面）

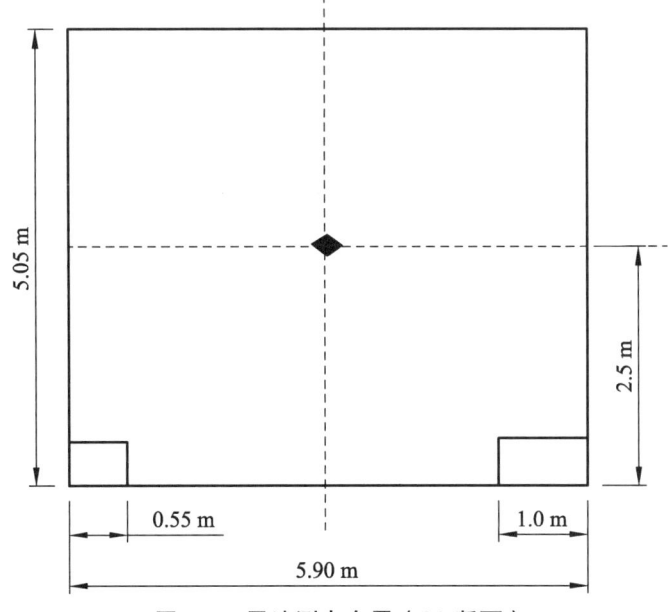

图 5-8　风速测点布置（00 断面）

5.2.4 试验火灾规模复核

在隧道火灾试验中,采用辐射热强度法复核火灾热释放功率。以火源附近测得的辐射强度核算火源功率,公式如下:

$$Q = \frac{q_r r^2}{\chi \cdot C} \cdot 10^{-6}$$

式中 Q——火源功率,MW;
q_r——距离火源中心 r 处的辐射强度,W/m²;
r——至火源中心的距离,m;
χ——辐射热比例,一般近似取 30%;
C——比例常数,球形取 $1/(4\pi)$,半球形时取 $1/(2\pi)$。

5.3 试验结果

5.3.1 隧道高压细水雾灭火系统对不同类型火灾的作用效果

如图 5-9 和图 5-10 所示,3 MW 柴油油盘点燃后,在长达 2 min 的预燃时间内,火源下游 20 m 处测得的热流密度逐渐增大,同时峰值保持基本稳定并持续一段时间,可见油池已至充分燃烧状态。在基本无风状态下,燃烧产生的烟气向火源上下游蔓延,导致隧道顶棚下空气温度升高,火源处最高温为 892.8 °C,火源上方烟气最高温为 409 °C,火源上下游烟气最高温分别为 137.2 °C 和 120.5 °C。细水雾灭火系统启动后,试验区域能见度迅速下降,火源区域、火源上下游的温度均迅速下降,火源下游测得的热流密度也迅速下降,火源在系统动作约 350 s 后熄灭。可见,隧道高压细水雾灭火系统有较好的降温及阻隔热辐射作用,对油类火灾具有较好的控火、灭火效果。

点火

开始喷雾

喷雾中　　　　　　　　　　　火源熄灭

图 5-9　高压细水雾灭火系统抑制油类火灾试验过程

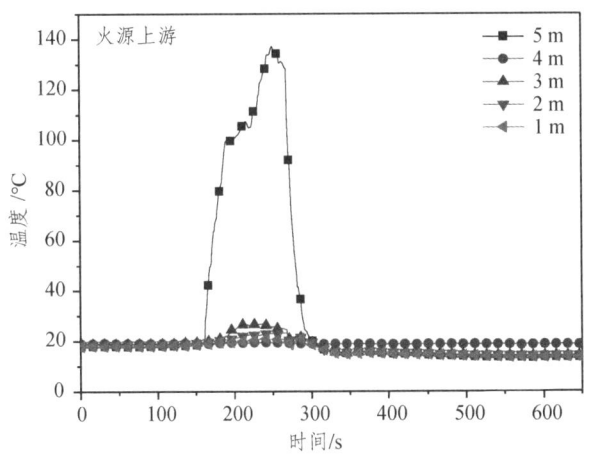

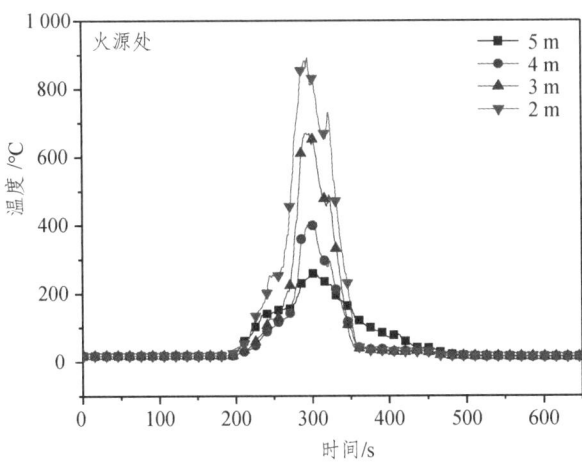

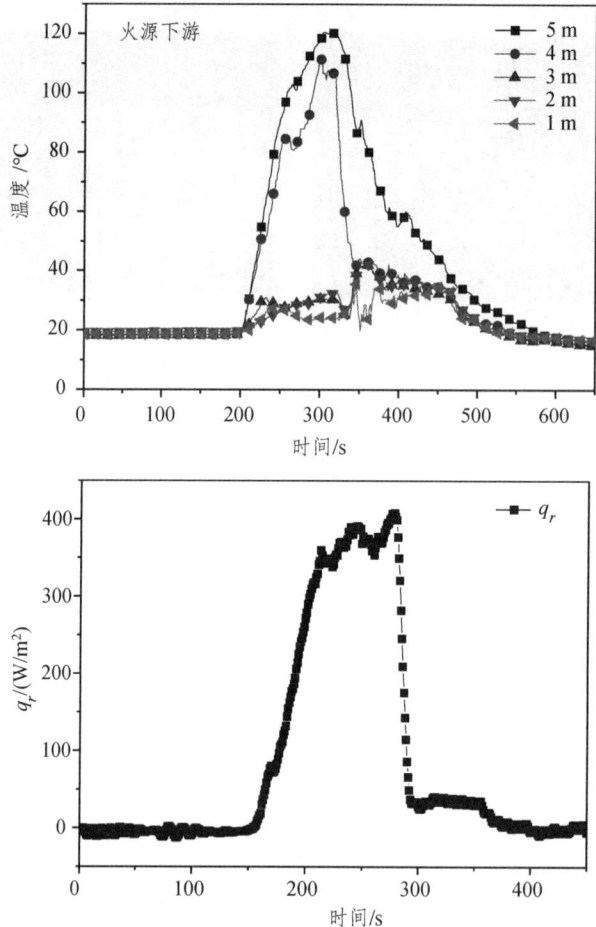

图 5-10 高压细水雾灭火系统抑制 3 MW 油池火灾试验过程温度变化曲线

如图 5-11 和图 5-12 所示，3 MW 木垛火预燃 5 min 后启动细水雾灭火系统，

燃烧中

开始喷雾

5.3 试验结果

喷雾中　　　　　　　　　　　　人工介入灭火

图 5-11　高压细水雾灭火系统抑制木垛火灾试验过程

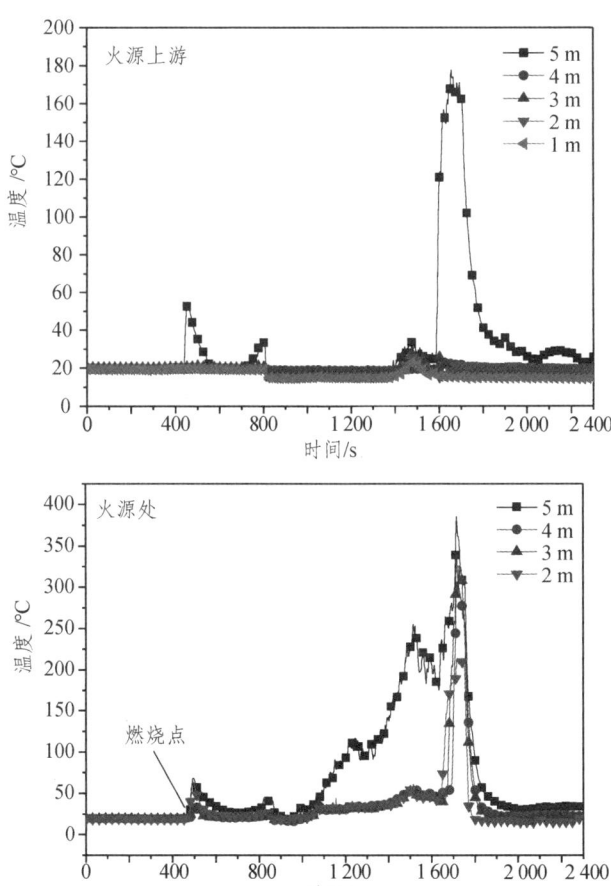

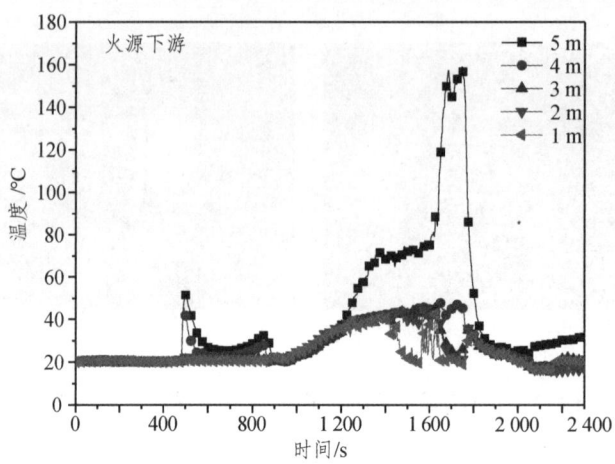

图 5-12　高压细水雾灭火系统抑制木垛火灾试验过程部分位置温度变化曲线

火场能见度下降，火场区域温度维持在较低水平，火势控制在一定范围内，但持续喷雾一段时间后火焰仍未熄灭。关闭细水雾灭火系统，改用细水雾喷枪手动灭火。可见，高压细水雾灭火系统对木垛火的灭火效果较差，但仍对火场有较好的降温、隔热效果，具备良好的控火效果。

5.3.2　风速对隧道高压细水雾灭火系统作用效果的影响

图 5-13～图 5-16 为不同隧道风速情况下高压细水雾灭火系统抑制 5 MW 柴油油盘火灾的试验过程及相应的温度、热辐射情况变化曲线。如图 5-14 所示，点燃油盘后，火源断面温度迅速升高至 700 ℃ 以上，火源上下游 10 m 处顶棚的温度也迅速上升至约 180 ℃（140 ℃）。这是由于在无风状态下火源燃烧产生的烟气向隧道两侧蔓延，烟气在火源两侧的分布大致是对称的。细水雾灭火系统启动后，火源断面和火源上下游的温度、火源下游的热辐射量均迅速下降，可见细水雾灭火系统对 5 MW 的柴油油盘火有较好的控火冷却效果。

5.3 试验结果

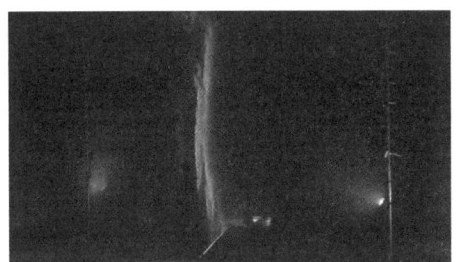

图 5-13 细水雾灭火系统抑制 5 MW 油盘火试验过程（风速为 0 m/s）

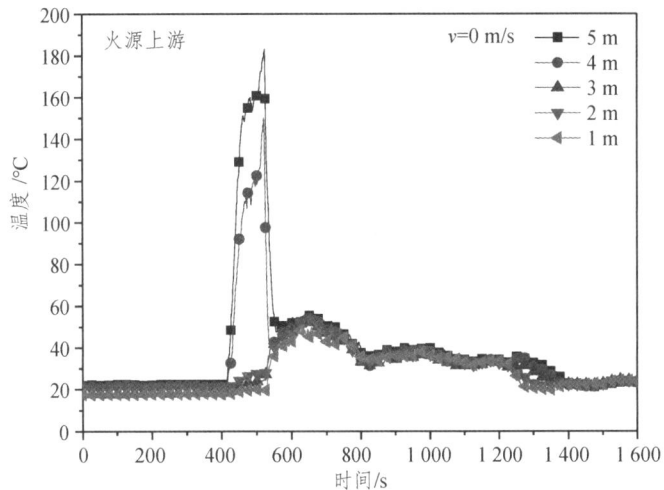

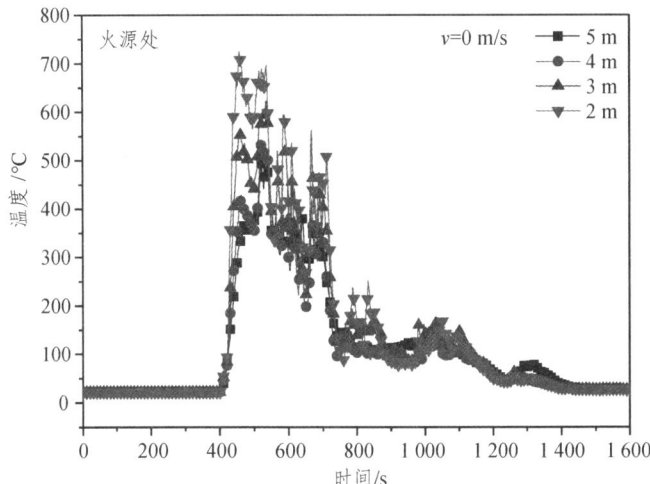

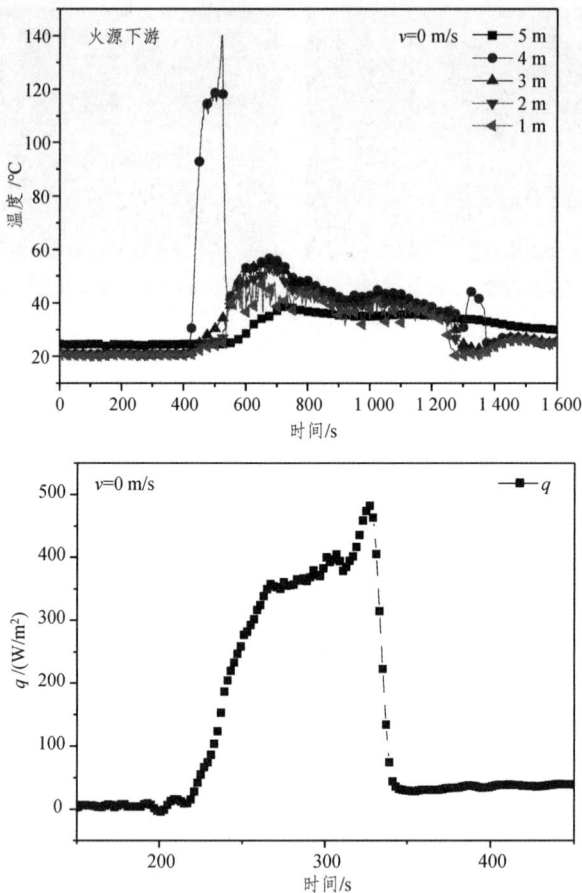

图 5-14 风速为 0 m/s 时,细水雾灭火系统抑制 5 MW 油盘火试验过程温度和热辐射变化情况

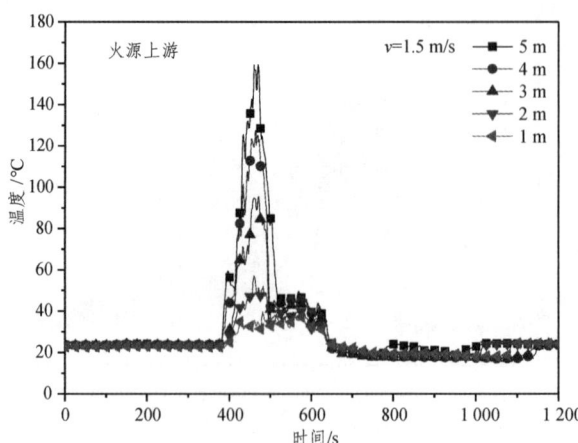

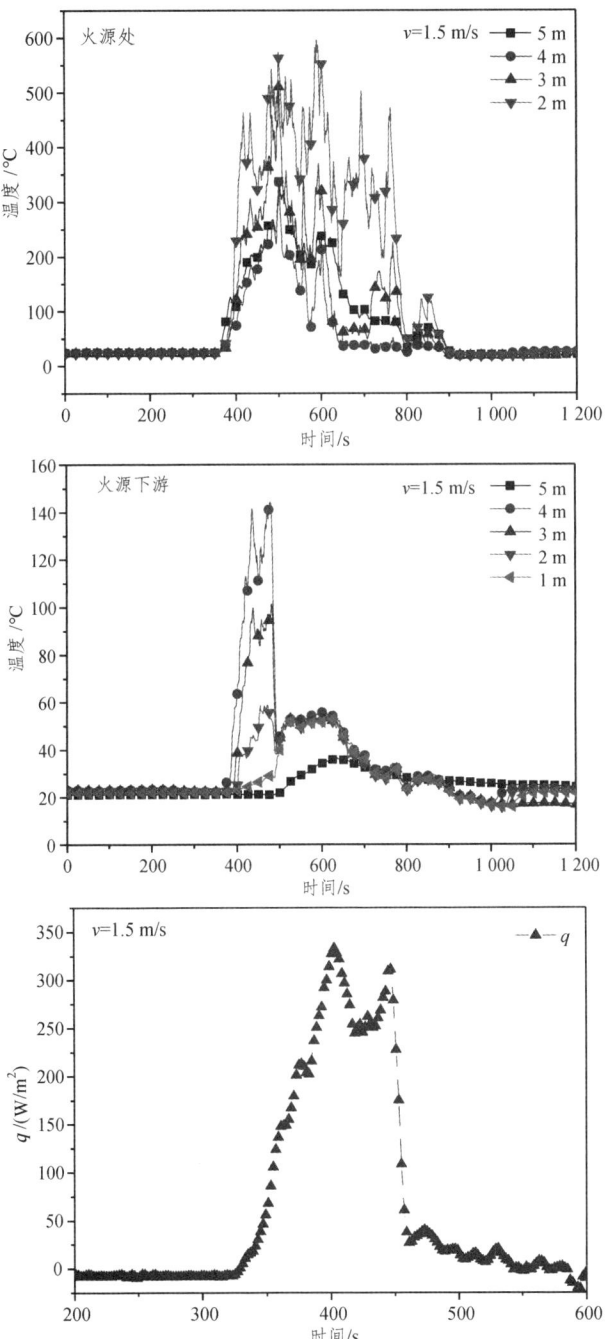

图 5-15 风速为 1.5 m/s 时，细水雾灭火系统抑制 5 MW 油盘火试验过程温度和热辐射变化情况

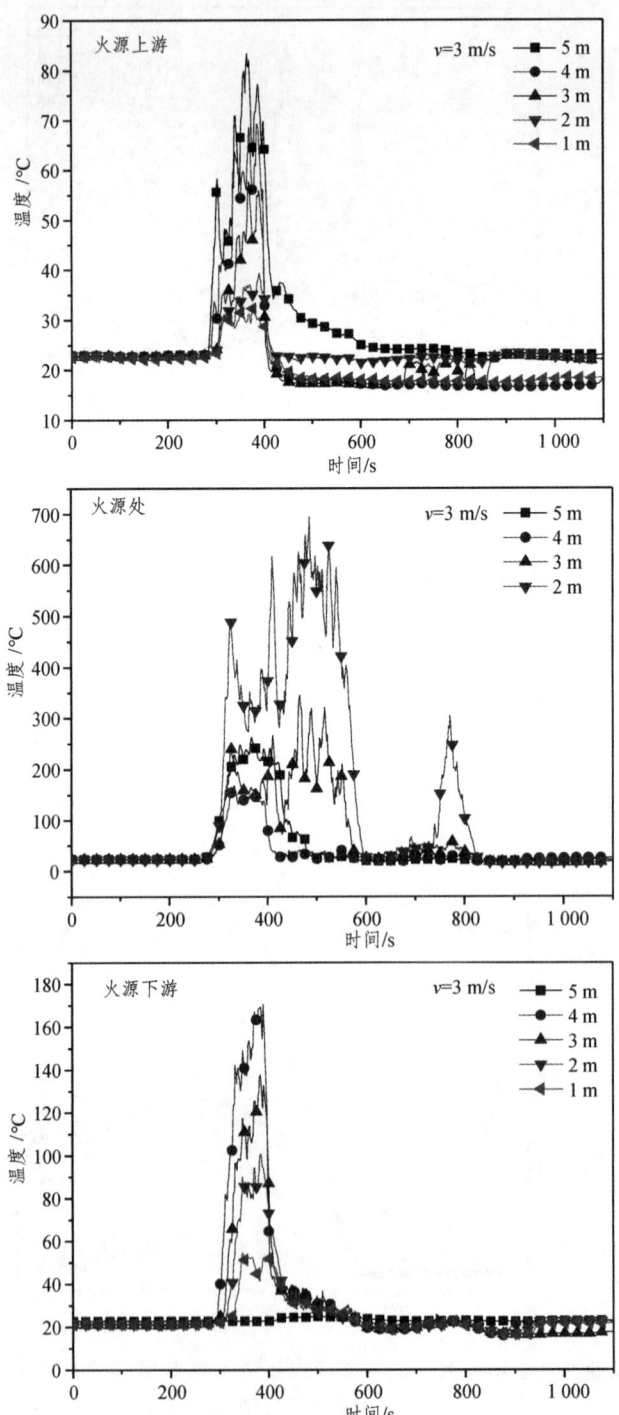

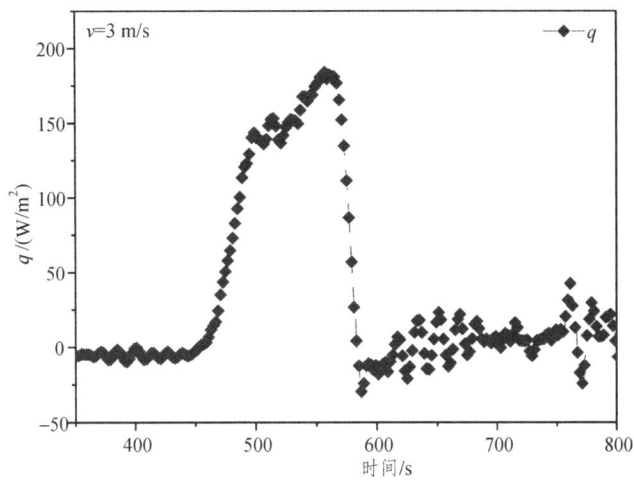

图 5-16 风速为 3 m/s 时，细水雾灭火系统抑制 5 MW 油盘火试验过程温度和热辐射变化情况

如图 5-15 和图 5-16 所示，点燃油盘后，火源断面、火源上下游断面的温度都迅速上升，但因为隧道纵向风的存在，火源处火焰发生偏移，并携带走部分热量，因而有风条件下火源断面的温度有较大波动，火源断面温度、火源下游热辐射强度均有极为明显的下降。此外，在风速为 3 m/s 的情况下，火源燃烧产生的烟气仅有少量蔓延至火源上游，再加上隧道风的作用，因而上游的温度要低一些。细水雾灭火系统启动后，火源断面和火源上下游的温度、火源下游的热辐射量均迅速下降，火源分别在约 7 min 和 8 min 后熄灭。可见在隧道纵向通风风速为 1.5 m/s 和 3 m/s 的情况下，细水雾灭火系统对 5 MW 的柴油油盘火仍然有较好的控火冷却效果。

5.3.3 含添加剂隧道高压细水雾灭火系统对隧道火灾的作用效果

试验中将一水系灭火剂作为添加剂按 3% 的添加量注入系统管道，调节隧道风速，保持其余条件基本不变，检验细水雾添加剂的效果。图 5-17 ~ 图 5-22 为不同风速条件下含添加剂细水雾灭火试验过程、试验过程中的温度变化情况和热辐射变化情况。从中可以看出，因为纵向风的存在，烟气主要往火源下游蔓延，风速为 1.5 m/s 或 3 m/s 时，几乎未有烟气蔓延至火源上游 10 m 处，因此该处断面温度几乎没变。此外，因为纵向风的存在，火源处火焰发生偏移，并携带走部分热量，因而有风条件下火源区域及火源下游的温度及热辐射强度均有极为明显的下降，且随着风速的增大，下降幅度越大。

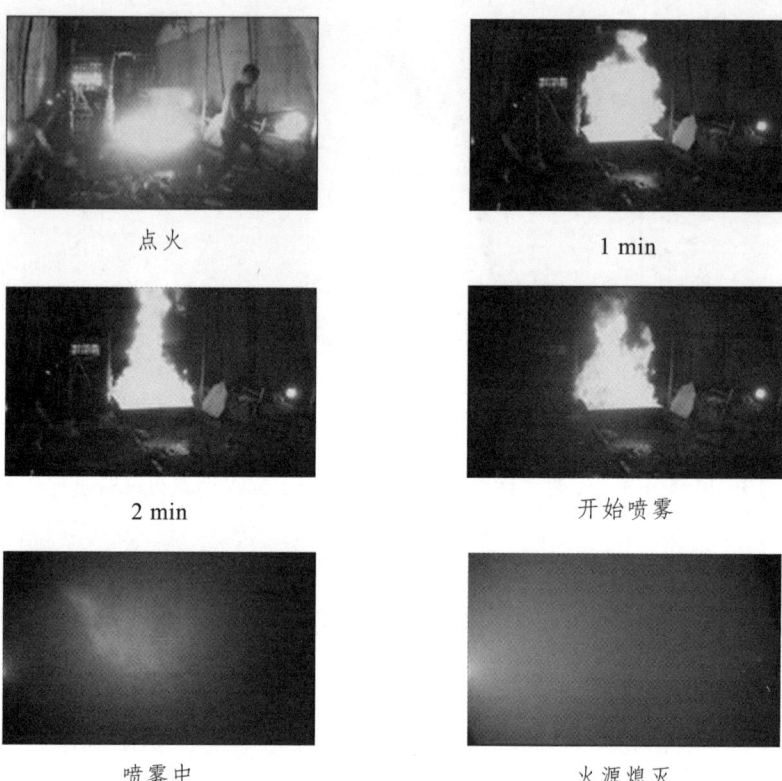

图 5-17　风速为 0 m/s 时，含 3%添加剂细水雾灭火试验过程

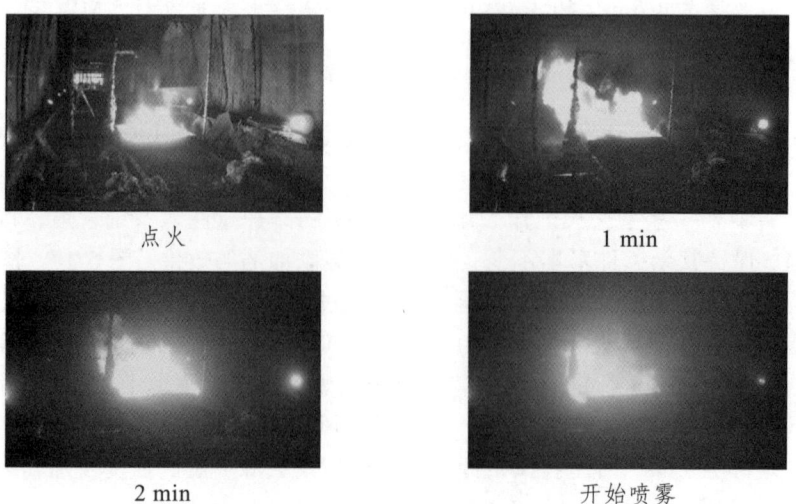

5.3 试验结果

喷雾中

火源熄灭

图 5-18 风速为 1.5 m/s 时，含 3%添加剂细水雾灭火试验过程

点火

1 min

2 min

开始喷雾

喷雾中

火源熄灭

图 5-19 风速为 3 m/s 时，含 3%添加剂细水雾灭火试验过程

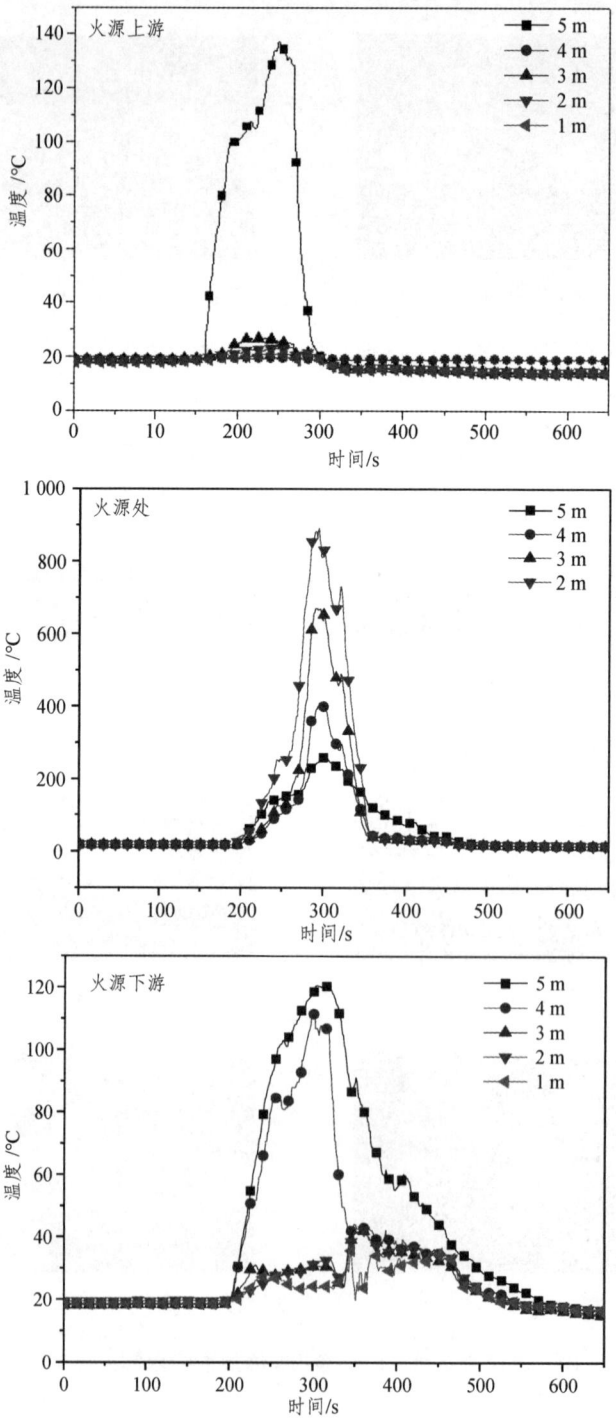

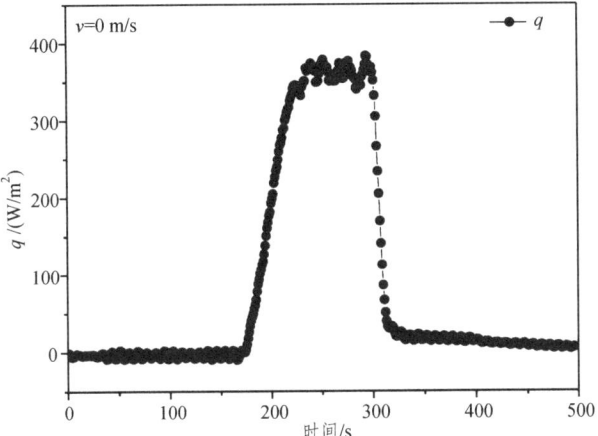

图 5-20 风速为 0 m/s 时，含 3%添加剂细水雾灭火试验过程温度和热辐射变化情况

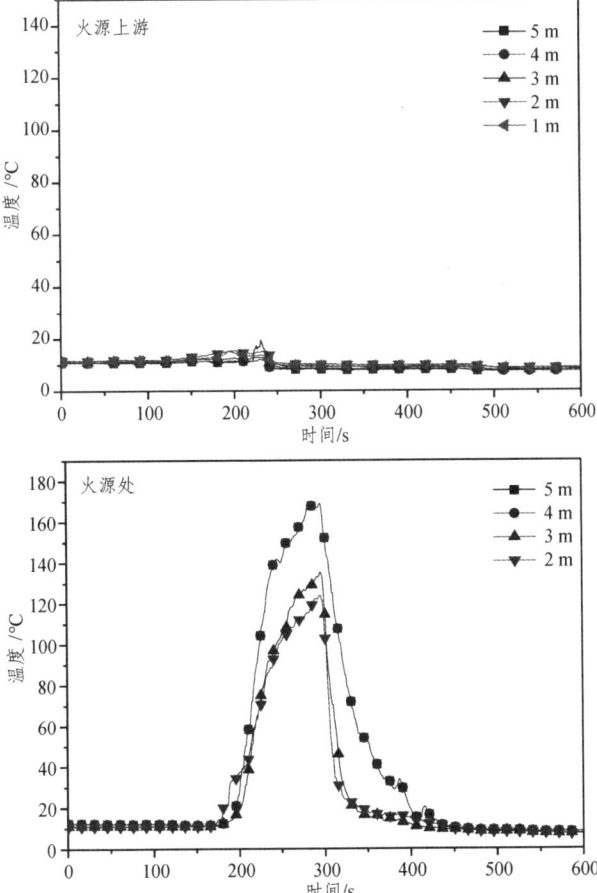

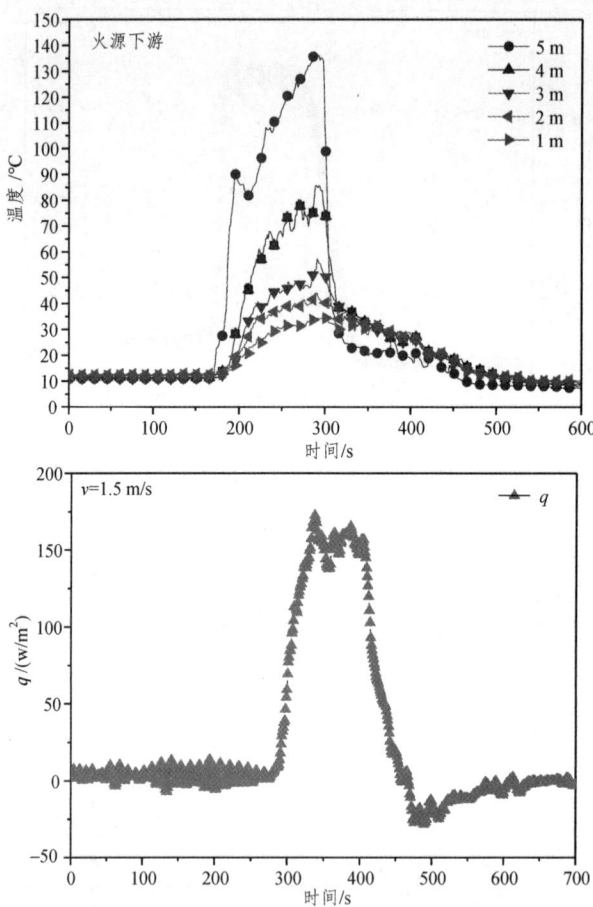

图 5-21　风速为 1.5 m/s 时，含 3%添加剂细水雾灭火试验过程温度和热辐射变化情况

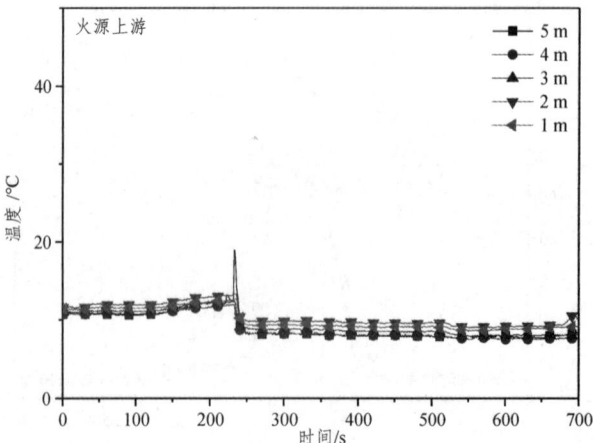

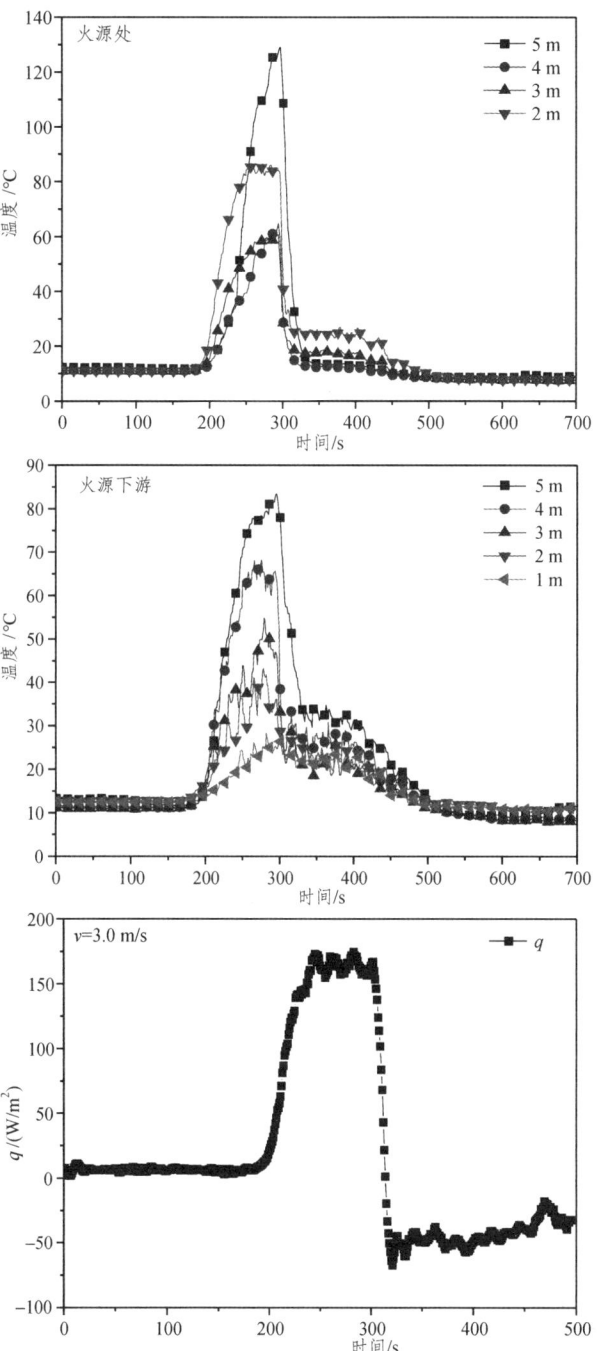

图 5-22 风速为 3 m/s 时，含 3%添加剂细水雾灭火试验过程温度和热辐射变化情况

表 5-2 是不同风速条件下含 3%添加剂细水雾灭火系统的作用效果,从中可以看出,相对于不含添加剂的细水雾灭火系统而言,含添加剂的细水雾灭火系统具有更好的灭火效果,即使在有风的条件下,细水雾添加剂也能发挥良好的作用。这主要是因为所采用的添加剂为水系灭火剂,原本就具备较好的灭火效果。

表 5-2 不同风速情况下含 3%添加剂细水雾灭油池火时间

序号	添加剂	风速/(m/s)	灭火时间/s
1	无	0	350
2	3%	0	170
3	3%	1.5	195
4	3%	3	256

5.3.4 高压细水雾消火栓系统对隧道油类火灾、汽车火灾的作用效果

图 5-23 和图 5-24 分别为高压细水雾消火栓系统抑制隧道汽油火、汽车火灾的试验过程。从图 5-23 中可以看出,点火后油盘迅速燃烧,油盘全充满火后预燃 60 s,启动隧道高压细水雾消火栓系统进行灭火,细水雾迅速覆盖火源,隧道能见度下降,前期火势较大,火焰没有减弱趋势,在 17 s 左右火焰明显减弱,28 s 火焰完全熄灭,可见在系统流量为 60 L/min、工作压力为 10 MPa、添加 3%泡沫添加剂(体积流量)的情况下,高压细水雾消火栓系统可以有效扑灭隧道汽油油池火。

开始点火

开始灭火(点火后 60 s)

喷雾中(点火后 70 s)

灭火成功(点火后 88 s)

图 5-23 高压细水雾消火栓系统对隧道汽油火的灭火过程(3%泡沫添加剂)

燃烧中

开始灭火（点火后 100 s）

喷雾中

灭火成功（点火后 188 s）

图 5-24　高压细水雾消火栓系统对汽车火灾的灭火过程（不含添加剂）

从图 5-24 中可以看出，在车内喷洒少量汽油作为引燃源的情况下，点火后，火焰迅速充满汽车车厢，并持续冒出黑烟，启动高压细水雾消火栓系统进行灭火，细水雾由一侧车窗喷射进车厢内部，迅速覆盖火源，不断压制火焰，至系统启动 88 s 时，火焰熄灭。可见，在系统流量为 60 L/min、工作压力为 10 MPa、未添加灭火添加剂的情况下，高压细水雾消火栓系统可以有效抑制汽车火灾。

5.4　20 MW 模拟分析

由于试验隧道耐火性能有限（在开展上述 3 MW 和 5 MW 火灾试验中，试验隧道曾数次出现顶棚防火涂料掉落的情况），运用火灾动态模拟器（Fire Dynamics Simulator，FDS）软件进行隧道细水雾灭火的数值模拟，模拟采用与上述试验相同的参数，以便开展对比分析，并在此基础上研究火灾功率达 20 MW 情况下细水雾灭火系统的作用效果。

5.4.1 模拟工况

试验隧道按图 5-2 所示设计,模型图如图 5-25 和图 5-26 所示,油盘模型如图 5-27 所示。火源分别为柴油油盘火,油盘尺寸为 1 500 mm × 1 500 mm × 200 mm,加入 10 cm 厚的垫水层,再加入 25 L 0 号柴油,火源功率约 3 MW,风速为 0 m/s。

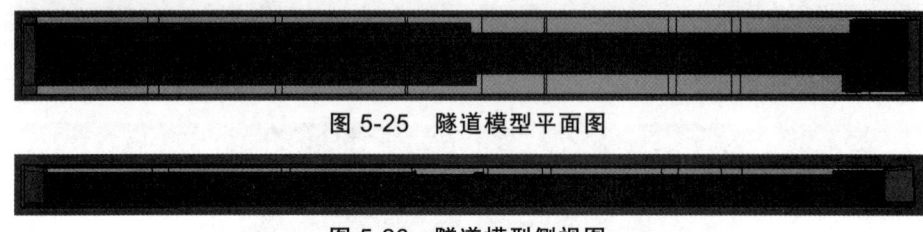

图 5-25　隧道模型平面图

图 5-26　隧道模型侧视图

图 5-27　油盘模型

5.4.2 模拟参数

1. 网格划分

FDS 模拟中,计算区域由许多网格组成,一般网格数量可达到几万甚至几百万个。每个网格内的各种物理参数是独立的,仅随时间变化,网格数量越多,则计算结果越精确,但同时计算量越大,对计算机的要求越高,因此在选取网格尺寸时,需要兼顾计算精度和效率。根据 FDS 6.0 版本的用户手册对网格划分的要求,结合有关公式确定网格尺寸。

$$D^* = \left(\frac{\dot{Q}}{\rho_\infty C_p T_\infty \sqrt{g}} \right)^{\frac{2}{5}}$$

式中　D^*——火源当量直径,m;
　　　$\dot{Q}$——火源功率,kW;
　　　ρ_∞——空气密度,kg/m³;
　　　C_p——空气定压热容,kJ/(kg·K);

T_∞——空气温度，K；

g——重力加速度，m/s²。

通过上式，可以在已知火源功率时求出火源当量直径 D^*，并通过下式，得到网格尺寸的范围。

$$4 < D^*/\delta_x < 16$$

其中，δ_x 为网格的尺寸，当火源功率为 3 MW 时，特征长度为 1.49 m，网格尺寸范围为 0.09~0.37 m。故设置火源附近网格尺寸为 0.1 m，稍远处网格尺寸为 0.2 m，远火源处网格尺寸为 0.4 m，网格总数为 887 040 个。

2. 火源参数

燃料具体参数通过查阅相关文献获取，具体见表 5-3。

表 5-3　燃料参数

材料	烟灰产率/(kg/kg)	CO 产率/(kg/kg)	比热/[kJ/(kg·K)]	导热率/[W/(m·K)]	密度/(kg/m³)	燃烧热/(kJ/kg)	反应热/(kJ/kg)
柴油	0.097	0.041	1.943	0.125 3	820	4.25×10⁴	465

5.4.3　3 MW 火灾模拟预测与试验数据的对比分析

3 MW 火灾模拟预测与试验数据的对比如图 5-28~图 5-30 所示。

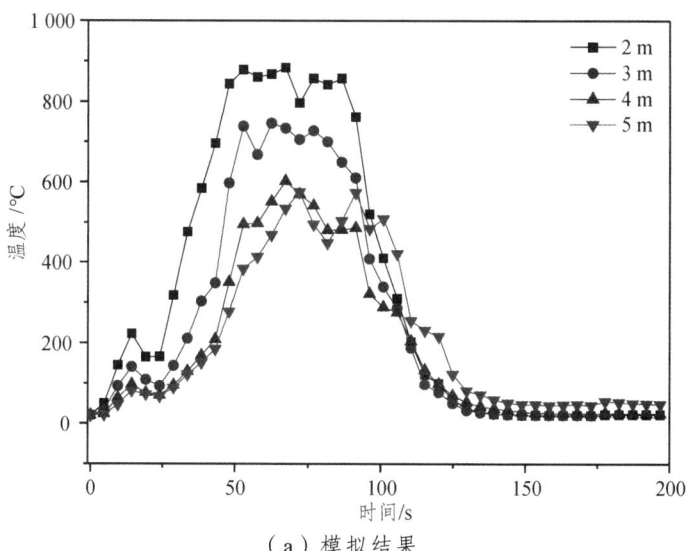

（a）模拟结果

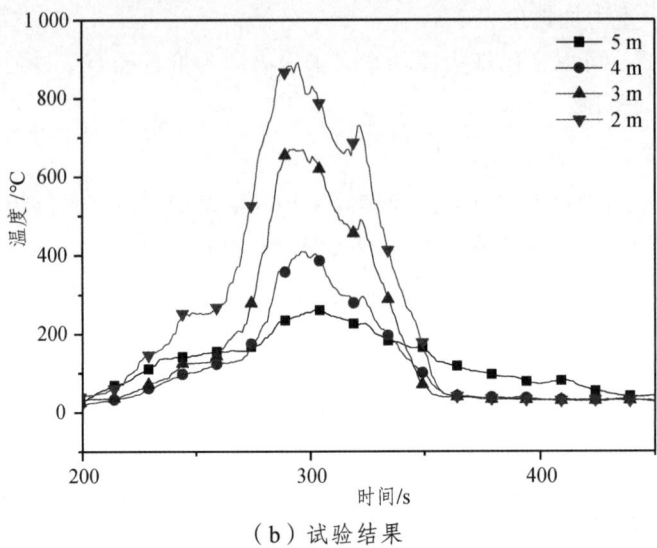

（b）试验结果

图 5-28　火源断面温度模拟和试验结果

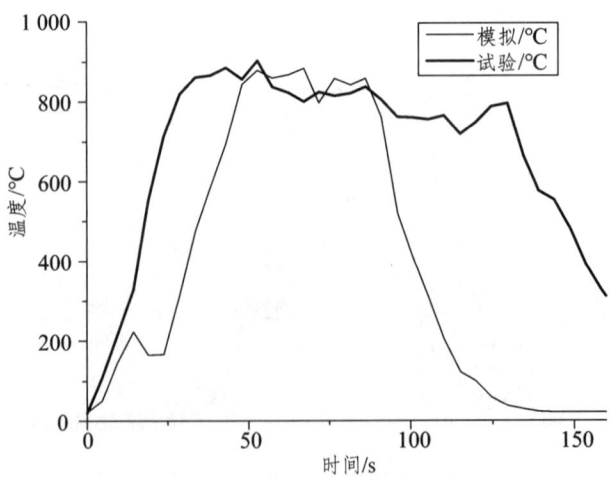

图 5-29　火源正上方 2 m 温度对比

5.4 20 MW 模拟分析

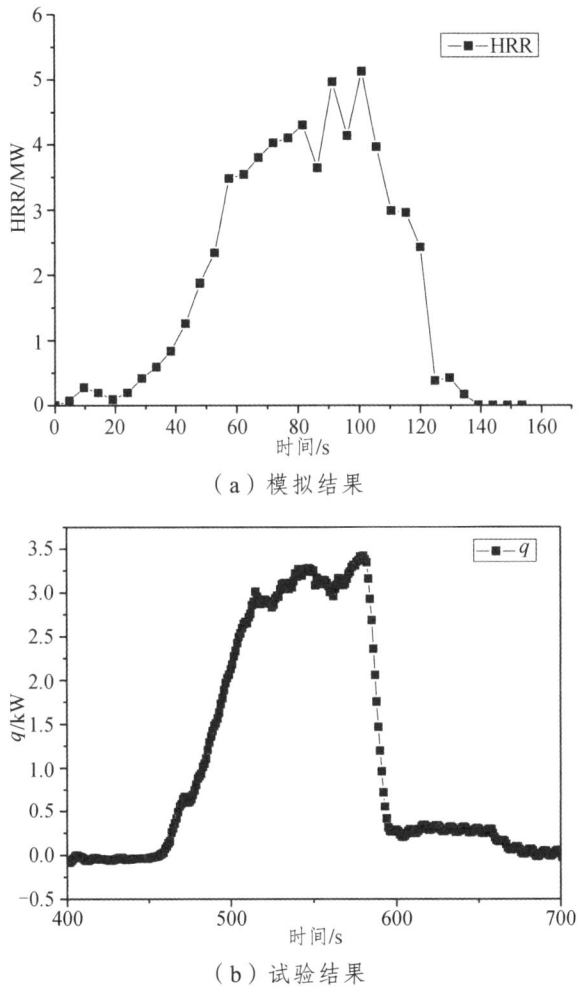

(a) 模拟结果

(b) 试验结果

图 5-30 火源热释放速率模拟结果和试验结果

从图中可以看出，模拟和试验的最高温度都在 900 ℃ 左右，温度上升和下降的趋势也比较吻合。试验和模拟数据在火源正上方 2 m 处出现差异，试验中稳定燃烧的时间更长，原因在于模拟中隧道两端使用 OPEN 开口，是一种默认的与大气连接的属性，而试验中隧道两端的通风情况会非常复杂，隧道外的障碍物、地形都会给通风带来不利影响；另外，对于全尺寸试验和模拟，影响因素更为复杂，这都使得试验与模拟结果产生一定差异。

通过对试验结果与模拟结果之间的对比分析，可以得出，根据试验确定的边界条件所进行的模拟结果与试验结果之间的吻合性较好，模拟结果能够较好地反映火灾温度变化和热释放速率变化情况。因此，可以依据试验确定的边界条件开展对 20 MW 火灾的预测。

5.4.4　20 MW 火灾预测分析

在保持其他条件不变的情况下，通过增大油盘面积使火源功率达到 20 MW，计算得到的结果如图 5-31 和图 5-32 所示。

可以看到，当火源热释放速率提升到 20 MW 时，开启细水雾灭火系统后火源的释放速率和温度迅速降低，起到了较好的控火作用。

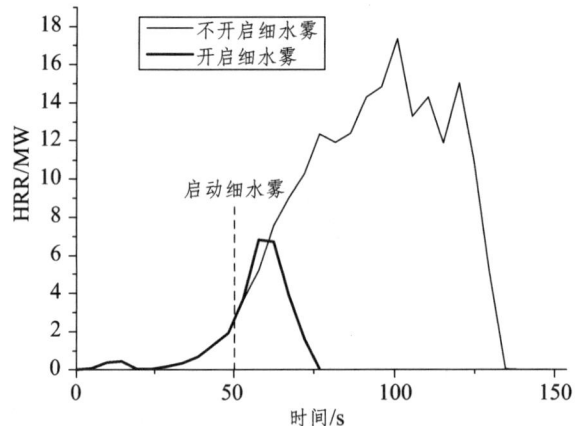

图 5-31　20 MW 油盘火热释放速率对比

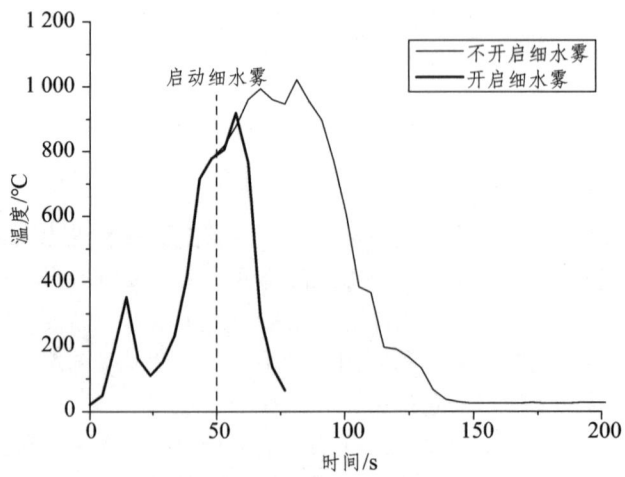

图 5-32　20 MW 油盘火温度对比

5.5 本章小结

综上所述,可以得出以下结论:

(1)城市交通隧道高压细水雾灭火系统对油池火和木垛火均有较好的隔热、降温效果,控火效果明显,对油池火的灭火效果优于木垛火。

(2)适宜的细水雾添加剂可以有效提高城市交通隧道细水雾灭火系统的控火、灭火效果。

(3)在系统设计用水量为 60 L/min 的情况下,城市交通隧道高压细水雾消火栓系统可以有效抑制隧道汽油火、汽车火灾。

第6章 城市交通隧道压缩空气泡沫炮系统实体火灾试验

6.1 概 述

城市隧道交通量大，通行的人员和车辆多，发生火灾的概率较大。目前，城市交通隧道内的灭火设施主要有消火栓系统、灭火器、泡沫-水喷雾灭火系统、细水雾灭火系统等。自动灭火设施用得相对较多的是泡沫-水喷雾灭火系统。城市交通隧道属于没有围堰的狭长空间场所，隧道内运行的汽车通常因发动机舱油管泄漏引发火灾，属于有遮挡的可燃液体喷射式立体流淌火灾。细水雾灭火系统和消火栓系统、泡沫-水喷雾灭火系统对该类火灾的灭火存在一定的局限性。隧道内火灾的燃料主要是汽油和柴油，属于烃类火灾，易燃、易爆，燃烧猛烈，火场温度高。细水雾可降低火场的温度，起控制火灾发展的作用，灭不了火。消火栓需要消防人员现场操作，起火区域仅在起火初期可使用，火灾发展后人员无法靠近操作。泡沫-水喷雾灭火系统相对来说灭火效果优于前两者，但对流淌火效果不佳。

压缩空气泡沫被称为二代泡沫，是20世纪90年代国际上出现的气、液两相新型灭火剂，它是在压力水中加入0.1%~1%的A类泡沫浓缩液，再加入压缩空气，通过输送管路不断地搅动混合形成灭火泡沫。据国外统计，传统用水灭火能起的作用仅占10%，90%的水都会流失，加入A类浓缩液后减少了水的表面张力，增强了水渗透到燃烧物表面的能力，大幅度减少了水的损失，灭火效率是水的10倍。由于二代泡沫能渗透和覆盖燃烧表面，充分发挥了汽化吸热和排氧窒息的作用，除了可快速扑灭固体火灾外，也可有效扑灭可燃液体火灾。据加拿大国家火灾实验室采用水成膜泡沫和二代泡沫进行全尺寸工程性对比试验的数据，二代泡沫的灭火效率是水成膜泡沫的3~4倍。目前，我国在主战消防车上已采用压缩空气泡沫炮代替传统的水和泡沫炮。

本研究在实体隧道实验室中进行,通过压缩空气泡沫炮的灭火试验,确定压缩空气泡沫炮在城市交通隧道中的灭火特性及相关技术参数。

6.2 试验部分

1. 试验场地

试验在应急管理部四川消防研究所都江堰拉法基大道火灾实验室内进行。

2. 试验场地及实验室布置

该隧道总长 140 m,宽度的最宽处 10 m,最窄处 6 m,高度为 5 m。隧道局部平面见图 6-1。隧道总平面布置见图 6-2。隧道立面见图 6-3 和图 6-4。

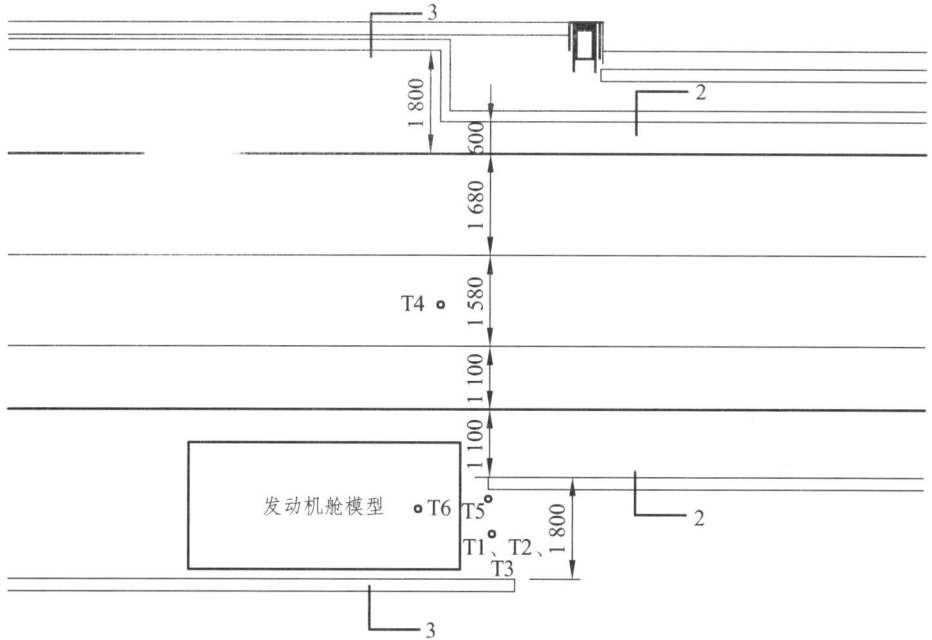

图 6-1 试验隧道局部平面(单位:mm)

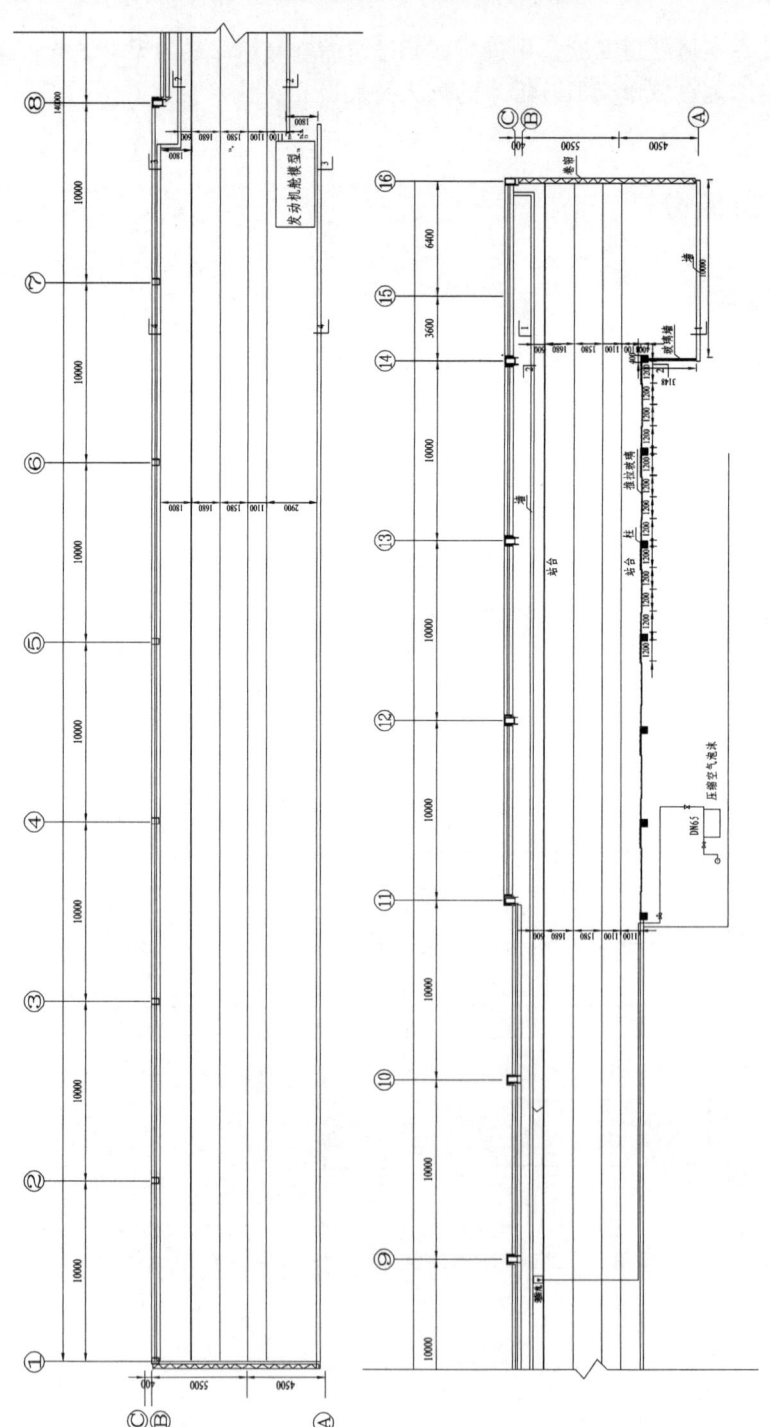

图 6-2 隧道总平面布置（单位：mm）

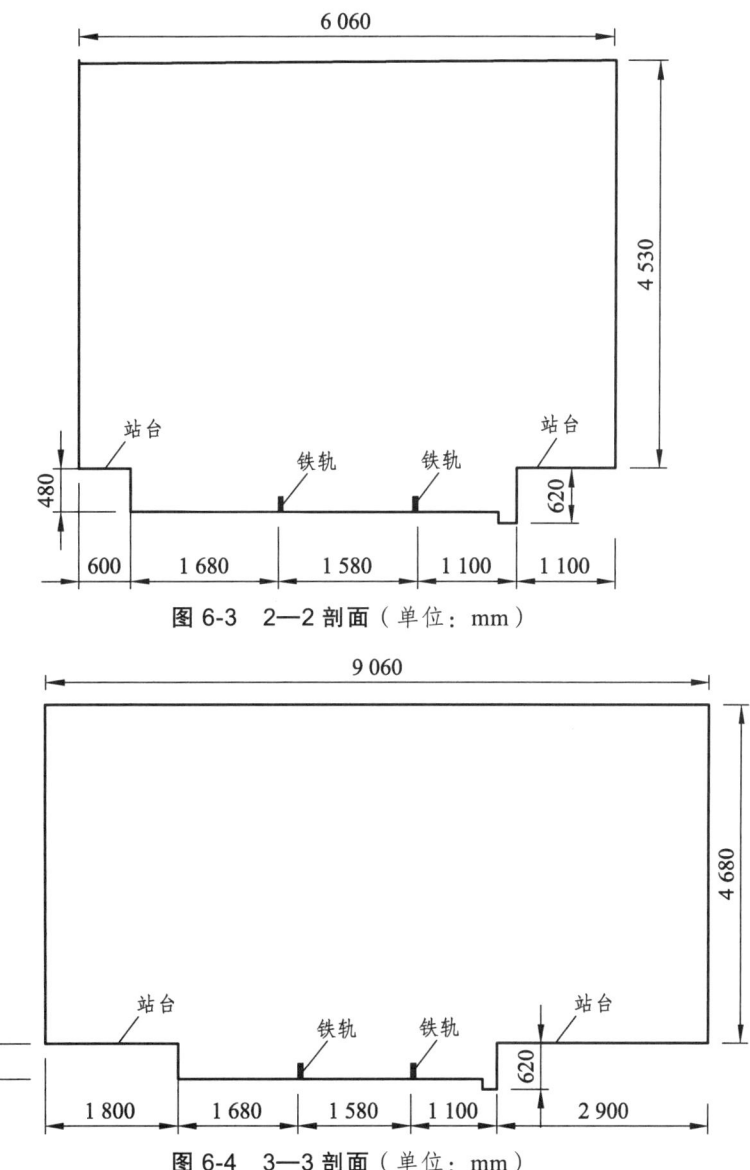

图 6-3 2—2 剖面（单位：mm）

图 6-4 3—3 剖面（单位：mm）

　　试验场地位于隧道实验室的中部位置，火源与压缩空气泡沫灭火系统的平面布置见图 6-5。压缩空气泡沫灭火装置放在隧道的一侧，其装置及布置见图 6-6 和图 6-7。火源——发动机舱位于隧道的右侧，水炮位于隧道的左侧，二者之间的直线距离不超过 20 m。水炮的现场布置见图 6-8。同时实验室还设置有消火栓灭火系统和灭火器。

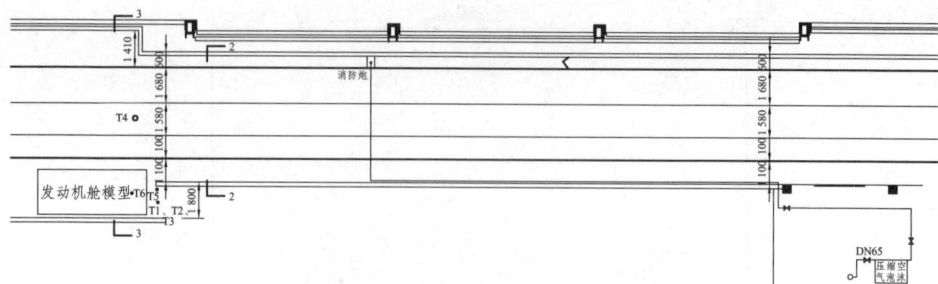

图 6-5　火源与压缩空气泡沫炮系统的平面布置（单位：mm）

图 6-6　压缩空气泡沫装置

图 6-7　压缩空气泡沫供水管路的布置

图 6-8　压缩空气泡沫炮在隧道内的布置

3. 火灾模型

试验模型参照《干粉灭火装置》(GA 602)关于汽车发动机舱灭火试验的规定,采用模拟客车类发动机舱的金属箱,尺寸为 2 400 mm × 1 500 mm × 1 400 mm,金属箱的底面有 1/2 面积的开口,侧面有散热开口,金属箱内的发动机模型尺寸为 1 200 mm × 750 mm × 600 mm。

火灾模型依据《细水雾灭火系统技术规范》(GB 50898)关于容积不大于 260 m^3 设备室实体火灾模拟试验的规定,采用柴油油盘火和喷雾火。1 m^2 正方形油盘设置在发动机舱模型下方的地面上,两个油雾喷嘴设置在发动机模型的上表面。喷嘴全部朝向消防炮所在的侧面喷射。油雾喷嘴的压力为 0.8 MPa,流量为 0.03 kg/s。试验时发动机舱现场见图 6-9。

图 6-9 试验时发动机舱现场

4. 试验过程

点燃油盘火和喷雾火,压缩空气泡沫自动定位喷射灭火剂。观察灭火情况并记录各项试验数据。

5. 测试设备

(1)热电偶:本次试验共布置了 6 只热电偶,编号分别为 T1~T6。T1、T2、T3 布置在一根热电偶树上,最高处 T1 距地面 3 m,T2 距地面 2.5 m,T3 距地面 2 m。热电偶从低到高位于支架上。T4 热电偶位于动车门内部,T5 热电偶位于拐角墙上 1.5 m 处，T6 热电偶位于发动机舱内部中间位置。平面布置见图 6-10，热电偶树的布置见图 6-11。

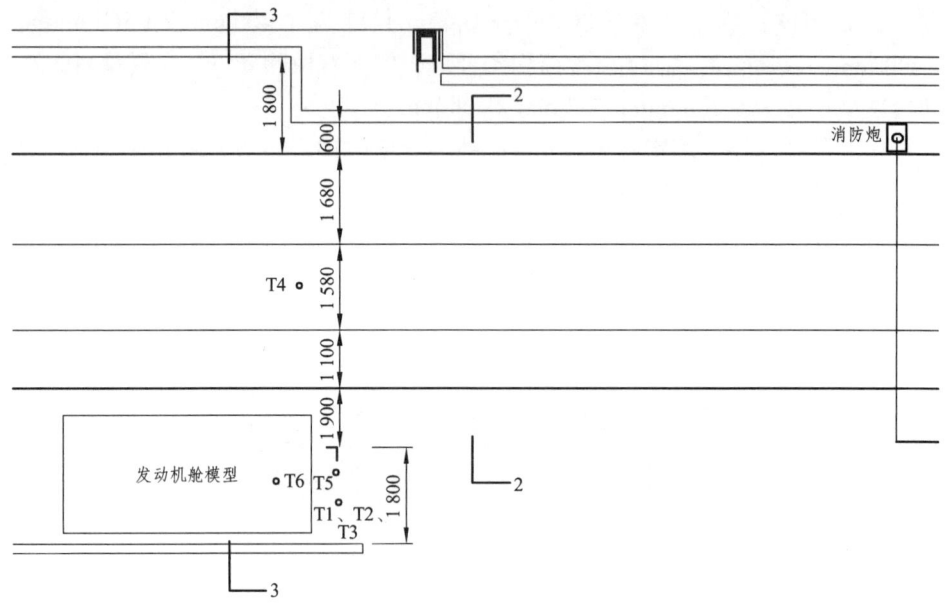

图 6-10　热电偶平面布置（单位：mm）

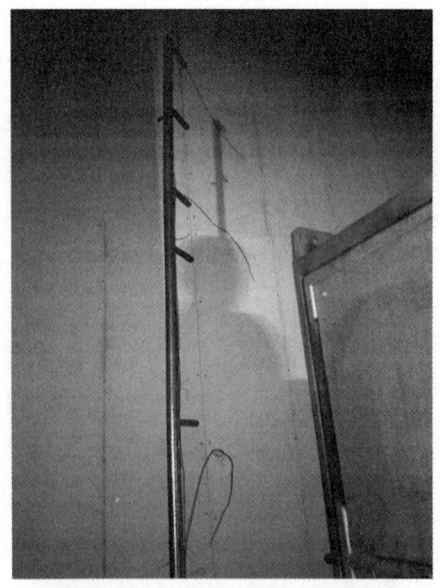

图 6-11　热电偶树的现场布置

（2）风速：在发动机舱旁的墙体上安装一只风速测试仪。
（3）时间：用秒表计时。

6.3 试验数据分析与处理

6.3.1 热电偶测试数据

试验过程中各热电偶的温度曲线见图 6-12～图 6-17。

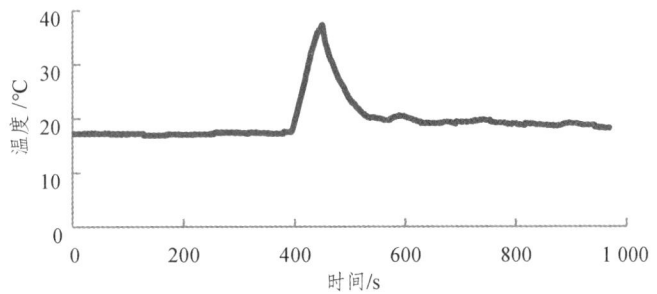

图 6-12　热电偶 T1 温度曲线

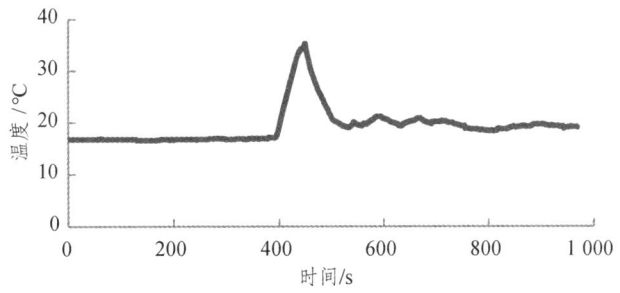

图 6-13　热电偶 T2 温度曲线

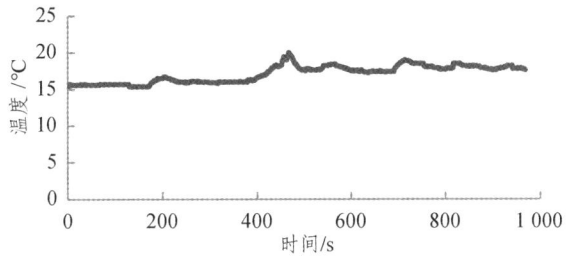

图 6-14　热电偶 T3 温度曲线

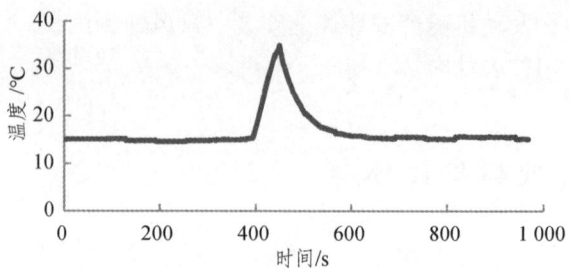

图 6-15　热电偶 T4 温度曲线

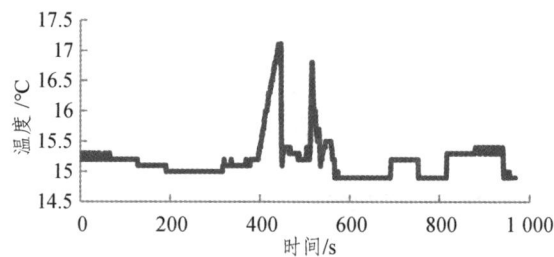

图 6-16　热电偶 T5 温度曲线

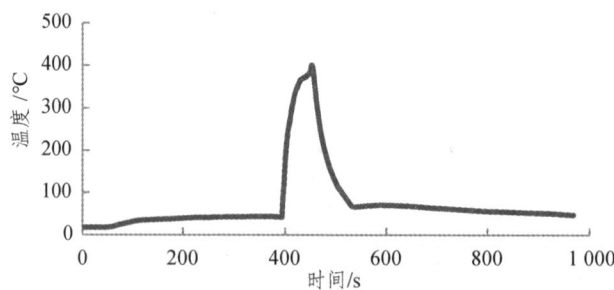

图 6-17　热电偶 T6 温度曲线

从上图中可知，试验过程中发动机舱外部区域的温度变化不大，3 m 高处的温度最高，达到 40 ℃，低处的温度接近室温。发动机舱内部的温度最高达到 410 ℃，泡沫炮动作后，迅速灭火，温度很快降到室温。

6.3.2　试验过程中火灾发展和灭火情况

试验开始先点燃发动机舱底部油盘，任其燃烧，火势发展较慢，约 400 s 时点燃喷雾火，火势迅速发展，火焰高达 3 m。点燃喷雾火 50 s 后泡沫炮动作，泡沫炮动作 30 s 后火被完全扑灭。试验过程中火源的发展和灭火情况见图 6-18～图 6-23。

试验过程中测得消防炮工作压力约为 0.4 MPa,射程为 20 m,泡沫混合液流量为 15 L/s,添加 0.5%的 A 类泡沫浓缩液。

图 6-18　起火初期

图 6-19　泡沫炮开始动作

图 6-20　泡沫炮水柱到达起火点

图 6-21　泡沫炮灭火

图 6-22　火势已减小

图 6-23　火基本被扑灭

6.3.3　风速测试数据

试验过程中实验室的风速基本没有发生变化。

6.4　本章小结

从试验结果来看，使用压缩空气泡沫灭火系统对隧道内因发动机舱油管泄漏引发的有遮挡可燃液体喷射式立体流淌火灾进行灭火是可行的。它对隧道火灾的扑救是高效可靠的。考虑到经济性，建议在重要隧道和超过 2 车道的大断面隧道里可考虑选用它作为灭火设施。根据试验结果，结合其他自动灭火系统的技术参数，建议压缩空气泡沫消防炮在城市交通隧道中使用的技术参数宜为：压缩空气泡沫消防炮灭火系统的泡沫混合液流量不应小于 15 L/s，消防炮工作压力不应小于 0.5 MPa，泡沫混合液持续喷射时间不应小于 10 min。

参考文献

[1] INGASON H, LI Y Z, LÖNNERMARK A. Tunnel Fire Dynamics[M]. Springer, 2015: 403-443.

[2] CARSTEN P. Full scale tunnel fire tests of VID Fire-Kill low pressure water mist tunnel fire protection system in runehamar test tunnel[C]. //Ingason H (eds) Poster presentation in proceedings of the fourth international symposium on tunnel safety and securityk, Frankfurt am Main, Germany, 2009: 586-589.

[3] ALAN B, RICHARD C. Handbook of Tunnel Fire Safety[M]. 2nd ed. Thomas Telford, 2012: 127-151.

[4] 曹文宏, 申伟强. 超大特长盾构法隧道工程设计：上海长江隧道工程设计[M]. 北京：中国建筑工业出版社, 2010.

[5] 蒋树屏, 苏权科, 周键, 等. 离岸特长沉管隧道防灾减灾关键技术[M]. 北京：人民交通出版社, 2018.

[6] 陈新文, 石晓龙, 王耀鸿, 等. 低压细水雾灭火系统在隧道火灾中的灭火性能研究[J]. 建筑科学, 2018, 34（4）: 72-77.

[7] 李浩, 陈新文, 石晓龙, 等. 低压细水雾在公路隧道火灾防控中的试验研究[J]. 隧道建设, 2018, 38（S1）: 73-78.

[8] Technical Committee 3.3 Road Tunnel Operations of PIARC. Fixed fire fighting systems in road tunnels: Current practices and recommendations: 2016R03EN[R]. WORLD ROAD ASSOCIATION(PIARC), France, 2016.

[9] Work package 2 of the Research Project UPTUN of the European Commission. Engineering Guidance for Water Based Fire Fighting Systems for the Protection of Tunnels and Sub Surface Facilities[R].R251, UPTUN, 2007.

[10] SOLIT. Engineering Guidance for a Comprehensive Evaluation of Tunnels with Fixed Fire Fighting Systems[R]. Scientific Final Report of The Solit^2 Research Project, the Solit^2 Research Consortium, 2012.

[11] Standard for Road Tunnels, Bridges, and Other Limited Access Highways:

NFPA 502—2014[S]. 2014.

[12] 湖南省公安消防总队.公路隧道消防技术规范：DB 43/729—2012[S]. 2012.

[13] 郭子东，罗云庆，王平，等. 灭火剂[M]. 北京：化学工业出版社，2015.

[14] LIU B H, CHEN J, YANG L. Study on the application of water mist extinguishment in commercial cookroom[J]. Safety and Enviromental Engineering, 2007, 14 (2): 94-96.

[15] ZHAO D L, LIAN F. Expeimental research on low pressure water mist extinguishing system in cook room with micelle encapsulator additive[J]. Journal of Safety Science and Technology, 2009, 5 (6): 62-66.

[16] YANG N, LIANG F, WANG L B. The progression of study for fire extinguishant and its application[J]. Fire Technique and Products Information. 2004 (5): 31-32.

[17] KIM A K. Improvement of water mist performance with foam additives[C]. Fire Risk Management Program Institute In Construction NRRC, 2001.

[18] LI X L. Performance analysis of the water mist containing an additive fire protection systems[J]. Fire Science and Technology, 2006, 25(5): 662-664.

[19] 闫治国，朱合华，何利英. 欧洲隧道防火计划（UPTUN）介绍及启示[J]. 地下空间，2004，24（2）：212-219.

[20] 孙伯春. 关注隧道消防构筑和谐工程：关于公路隧道消防安全工作的探讨与思考[J]. 消防科学与技术，2005，24（5）：618-624.

[21] 张杨，陈启军. 常用隧道火灾探测器原理、应用及研究动态[J]. 地下空间与工程学报，2006，4（2）：311-314.

[22] 李楠. 公路隧道内通风细水雾灭火影响模拟研究[D]. 沈阳：沈阳建筑大学，2011.

[23] 吴国华，张剑，李勇，等. 高压细水雾消火栓灭火系统在铁路特长隧道消防中的应用[J]. 铁道标准设计，2009（9）：85-87.

[24] 崔景立，贺际章，杨磊，等. 河南省《高压细水雾消火栓系统技术规范》简介[J]. 给水排水，2017，43（4）：141-143.